Thomas Kühn

30 Minuten für
Ihre erfolgreiche

Tagungsplanung

Bibliografische Information Der Deutschen Bibliothek

Die Deutsche Bibliothek verzeichnet diese Publikation in der Deutschen Nationalbibliografie; detaillierte bibliografische Daten sind im Internet über http://dnb.ddb.de abrufbar.

Umschlag und Layout: die imprimatur, Hainburg
Lektorat: Diethild Bansleben, Offenbach/Eppstein
Satz: Zerosoft, Timisoara, Rumänien
Druck und Verarbeitung: Salzland Druck, Staßfurt

Hinweis:
Das Buch ist sorgfältig erarbeitet worden. Dennoch erfolgen alle Angaben ohne Gewähr. Weder Autor noch Verlag können für eventuelle Nachteile oder Schäden, die aus den im Buch gemachten Hinweisen resultieren, eine Haftung übernehmen.

Printed in Germany

ISBN 3-89749-558-9

In 30 Minuten wissen Sie mehr!

Dieses Buch ist so konzipiert, dass Sie in kurzer Zeit prägnante und fundierte Informationen aufnehmen können. Mithilfe eines Leitsystems werden Sie durch das Buch geführt. Es erlaubt Ihnen, innerhalb Ihres persönlichen Zeitkontingents (von 10 bis 30 Minuten) das Wesentliche zu erfassen.

Kurze Lesezeit
In 30 Minuten können Sie das ganze Buch lesen. Wenn Sie weniger Zeit haben, lesen Sie gezielt nur die Stellen, die für Sie wichtige Informationen beinhalten.

- Alle wichtigen Informationen sind blau gedruckt.

- Schlüsselfragen mit Seitenverweisen zu Beginn eines jeden Kapitels erlauben eine schnelle Orientierung: Sie blättern direkt auf die Seite, die Ihre Wissenslücke schließt.

- *Zahlreiche Zusammenfassungen innerhalb der Kapitel erlauben das schnelle Querlesen. Sie sind blau gedruckt und zusätzlich durch ein Uhrsymbol gekennzeichnet, sodass sie leicht zu finden sind.*

- Ein Register erleichtert das Nachschlagen.

Inhaltsverzeichnis

Vorwort

Stehen Sie vor der Aufgabe, ein Seminar, ein Meeting, ein Mitarbeitertraining oder gar einen Verbandstag – also kurz: eine Tagung – organisieren zu müssen? Ist es das erste Mal, dass Sie mit einer solchen Aufgabe betraut wurden? Sind Sie irritiert, weil Ihnen diese Arbeit sehr komplex scheint und Sie nicht wissen, welchen Ansatz Sie verfolgen sollen?

Wenn Sie alle drei Fragen mit „Ja" beantwortet haben, sollten Sie sich 30 Minuten Zeit nehmen, um dieses Buch zu lesen. Warum? Weil Sie auf Fragen und Probleme bei der Vorbereitung Ihrer Tagung stoßen werden, bei denen Sie auf Ratschläge und Hinweise von Profis angewiesen sind – wenigstens bei der Organisation Ihrer ersten Tagung. Denn Tagungsorganisation ist zwar ein sehr vielschichtiges, gleichermaßen aber erlernbares „Geschäft". So unentwirrbar Ihnen im Moment das „Aufgabenknäuel" auch vorkommt, Sie werden schon bald merken, dass auch in diesem Metier „nur mit Wasser gekocht" wird. Aber Sie werden Entscheidungen mit teilweise beträchtlicher Tragweite treffen müssen, deshalb sollten Sie sich einer Tatsache bewusst sein:

Sie haben letztlich eine Investitionsentscheidung zu treffen – mit erheblichem finanziellen Aufwand verfolgen Sie mit der Durchführung Ihrer Tagung ein Ziel. Um dieses Ziel zu erreichen, investieren Sie: in Räume, in Serviceleistungen, in Know-how etc.

Und weil dieses Investment in mehrfacher Hinsicht erheblich ist, wird von Ihnen ein Höchstmaß an Verantwortung erwartet. Dieses Buch hilft Ihnen, Ihrer Verantwortung gerecht zu werden – zunächst in 30 Minuten. Sie werden aber bald merken, dass Sie dieses Buch mehrfach zur Hand nehmen werden, um sich über bestimmte Sachverhalte zu informieren. Letztlich wird es Sie über den gesamten Zeitraum der Tagungsvorbereitung begleiten.

Noch ein Rat vorab: Bei all Ihren Entscheidungen sollten Sie sich von einem Prinzip leiten lassen – von Ihrem gesunden Menschenverstand.

Mit Fragen zu diesem Buch oder zu Ihrer persönlichen Tagungsplanung wenden Sie sich bitte an den Autor:

info@toptagungshotels.de oder
concept.potsdam@t-online.de.

1. Was Sie vorher wissen sollten

Bevor Sie mit Ihrer Arbeit beginnen, sollten Sie sich Klarheit über einige grundsätzliche Fragen verschaffen. Zum einen betrifft das Begriffsinhalte. Zum anderen sollten Sie sich überlegen, ob Sie Ihre Arbeit allein bewältigen wollen oder sich externen Sachverstandes bedienen. Welcher Veranstaltungsort ist für die Erreichung Ihres Tagungszieles geeignet.

1.1 Tagung: Meeting, Seminar oder doch Konferenz?

Im Laufe Ihrer Vorbereitungen werden Sie mit verschiedenen Begriffen und Kategorien konfrontiert. Ohne auf alle Details und Feinheiten einzugehen, wird der Begriff „Tagung" vorab erklärt.
Der Begriff „Tagung" wird als Oberbegriff für sechs verschiedene Tagungsformen verwandt. Diese Tagungsformen unterscheiden sich hinsichtlich der Tagungsteilnehmer, der Tagungsziele und letztlich der Anforderungen, die an eine Tagungsstätte gestellt werden. Alle sechs Tagungsformen können sich überschneiden oder vermischen. Weitere, hier nicht genannte Tagungsformen, werden praktiziert. Die Begriffsbestimmungen der sechs wichtigsten Tagungsformen sind daher lediglich dafür geeignet, die jeweilige Tagungsform annähernd einzuordnen.

Sechs unterschiedliche Tagungsformen

a. Seminar

   Seminare haben in der Regel 10 bis 30 Teilnehmer. Sie dienen dazu, Wissen zu erwerben oder zu vertiefen. Seminarveranstaltungen benötigen in der Regel auch Gruppenarbeitsräume, sind auf das Vorhandensein von Aktionsflächen angewiesen und fordern lerngerechte Arbeitsmittel.

b. Konferenz
Etwa mit bis zu 120 Teilnehmern rechnen Veranstalter einer Konferenz. Sie wird in der Regel zu einem übergreifenden Thema durchgeführt. Eine Konferenz benötigt einen Konferenzsaal mit modernen Vortrags- und Präsentationsmedien sowie weitere Räume für die Tätigkeit von Arbeitsgruppen.

c. Klausur
Die Klausur findet meist an einem abgeschiedenen Ort statt. Sie dient der intensiven Beratung von Problemen in einem überschaubaren, meistens kleinen Teilnehmerkreis (bis zu 12 Teilnehmer). Ruhe, um konzentriert und störungsfrei arbeiten zu können, ist eine wichtige Grundvoraussetzung.

d. Kongress
Versammeln sich bis zu 1000 Teilnehmer an einem Ort, um über ein Thema zu beraten, dann handelt es sich im Regelfall um einen Kongress. Ein Kongress benötigt für Parallelveranstaltungen neben einem Kongresssaal eine Fülle weiterer Räume, eine Präsentationsfläche und eine umfassende technische Ausstattung.

e. Meeting
Eine überschaubare Zahl von Teilnehmern (etwa 20 Teilnehmer) trifft sich an einem für alle gut zu erreichenden Ort, um innerhalb kürzester Zeit ein Problem zu lösen. Die räumlichen Anforderungen dafür entsprechen der teilnehmenden Personenzahl. Unter

Umständen werden besondere Anforderungen für Computerarbeit gestellt.

f. Event
In Abgrenzung zu den Begriffen „Incentive“ und „Rahmenprogramm“ werden Events veranstaltet, um Beziehungen – entweder zwischen Menschen oder zwischen Menschen und Produkten bzw. Institutionen – zu emotionalisieren. Raumbedarf und technische Voraussetzungen sind meist erheblich, Teilnehmerzahlen liegen etwa zwischen 20 und 500 Personen.

Unterschiedliche Tagungsinhalte bedingen unterschiedliche Teilnehmerkreise und unterschiedliche Raumanforderungen. Obwohl es keine Begriffsnormierungen gibt, bieten die genannten Kategorien allgemein verständliche Vorstellungen.

1.2 Selbstständig vorbereiten oder externen Sachverstand hinzuziehen?

Der Aufwand und die zu lösenden Aufgaben, die sich im Rahmen einer Tagungsvorbereitung ergeben, werden von Tagungsveranstaltern häufig unterschätzt, Probleme sind vorprogrammiert. Soll der reibungslose Ablauf der Tagung dann noch gesichert werden, können zusätzliche zeitliche und finanzielle Belastungen für den Veranstalter entstehen. Wägen Sie daher am Anfang ab, ob Sie die Tagung hausintern oder selbstständig vorbereiten wollen oder ob Sie einen externen Dienstleister hinzuziehen.

Zu dessen Leistungsspektrum kann gehören:

- Tagungsplanung, Erstellung einer Konzeption
- Erstellung eines Finanzierungsplanes
- Veranstaltungsmarketing
- Kapazitätsrecherchen
- Preisvergleiche und Marktanalysen
- Hotelorganisation
- Tagungsnachbereitung

In der Branche werden diese Dienstleister als so genannte PCOs bezeichnet (Professional Congress Organizer). PCOs sind Tagungsdienstleistungsagenturen, die Sie bei den Vorbereitungen für Ihre Tagung umfassend unterstützen; sie arbeiten entweder als selbstständige Unternehmen oder sind beispielsweise städtischen Tourismusorganisationen oder Landestourismusorganisationen angeschlossen. Es gibt regional und überregional tätige PCOs. Wenn Sie sich dafür entscheiden, mit einem externen Dienstleister zusammen zu arbeiten, sollten Sie die gegebenenfalls anfallenden Kosten vorab erfragen. Eine ganze Reihe von PCOs arbeiten jedoch für Tagungsveranstalter kostenlos – deren Wertschöpfungsprozesse finden dann bei Hotels und anderen Leistungsträgern über Provisionsregelungen statt. Ihnen als Veranstalter entstehen dadurch keine zusätzlichen Kosten. Die Zusammenarbeit mit PCOs empfiehlt sich, wenn Sie

- das erste Mal eine Tagung vorbereiten
- Sie auf „Sachverstand vor Ort“ angewiesen sind
- eine Großveranstaltung vorbereiten sollen.

Analysieren Sie alle Aufgaben, die vor Ihnen stehen und entscheiden Sie, ob Sie die Aufgaben selbstständig lösen wollen, oder ob Sie sich externen Sachverstandes (manchmal kostenlos!) bedienen.

1.3 Tagungsorte: Hotel, Location oder Konferenzzentrum?

Folgende Aspekte spielen bei dieser Überlegung eine Rolle:
- Um welche Tagungsform handelt es sich bei der von Ihnen geplanten Tagung?
- Mit wie viel Teilnehmern rechnen Sie?
- Planen Sie eine mehrtägige Tagung oder reisen die Tagungsteilnehmer am Abend des Veranstaltungstages wieder ab?
- Ist Ihre Tagung auf Serviceleistungen angewiesen, die nur ein Hotel bieten kann?
- Benötigen Sie für Ihre Tagung ein besonderes Tagungsumfeld?

Drei unterschiedliche Arten von Tagungsorten
Zunächst scheinen diese Fragen wenig mit der eingangs formulierten Aufgabenstellung zu tun zu haben. Halten Sie sich jedoch vor Augen: Es gibt drei große unterschiedliche Arten von Tagungsorten (deren Zahl sich insgesamt auf geschätzte 11.000 beläuft!), die jeweils unterschiedliche räumliche, logistische und personelle Voraussetzungen für die Durchführung von Tagungsveranstaltungen anbieten.
Tagungshotels sind auf die Durchführung von Ta-

gungsveranstaltungen spezialisierte Servicekomplexe. Sie bieten neben einer kompletten Tagungsinfrastruktur auch Raumkomplettlösungen an – vom Kongresssaal bis hin zu Gruppenarbeitsräumen. Außerdem bieten sie natürlich Übernachtungsmöglichkeiten. Darüber hinaus stehen eine Vielzahl von Serviceeinrichtungen zur Verfügung: Arbeitsinfrastruktureinrichtungen, Restaurationsbereiche, Sport- und Freizeitmöglichkeiten, gegebenenfalls Wellnessangebote. Zu beachten ist allerdings, dass Tagungshotels in der Regel funktionell eingerichtete, selten ästhetisch anspruchsvolle Räume oder gar besondere Räume für Tagungen zur Verfügung stellen.
So genannte Tagungslocations sind Orte, die über ein besonderes Ambiente verfügen, sie wurden nie als Tagungsorte konzipiert, können jedoch heute durchaus im Rahmen von Veranstaltungen „zweckentfremdet" werden. Besonders wegen ihrer Gesamtanmutung, ihrer präsenten Historie, ihrer Originalität oder ihres Ambientes sind sie als Veranstaltungsorte in den letzten Jahren als Tagungsorte marktfähig geworden: Museen, Burgen und Schlösser, Fabrikhallen oder auch ehemals landwirtschaftlich genutzte Gebäude bieten teilweise Infrastrukturen von bestechender Qualität. Sie sind insbesondere für Tagungen geeignet, die eine besondere Nachhaltigkeit bei allen Tagungsteilnehmern erzeugen sollen.

Aber: Die Wahl eines solchen Veranstaltungsortes bedeutet auch, auf die Kooperation mit einem (nahen?) Hotel angewiesen zu sein. In einigen Fällen erweisen sich bestimmte Probleme als sehr schwer oder mit erheblichem Aufwand lösbar (Catering, Hygienefragen

etc.). Auch die Nutzungsmöglichkeiten sind nicht immer uneingeschränkt. Neben der Beachtung von Öffnungszeiten öffentlich-funktionaler Gebäude (beispielsweise von Museen) besteht in einigen (vorwiegend historischen) Gebäuden Rauchverbot, die Verabreichung „färbender Getränke" ist untersagt (damit sind Limonaden oder Rotweine gemeint, die unter Umständen auf Parkettfußböden oder Steinfußöden Spuren hinterlassen könnten).
Konferenzzentren sind meist in urbanen Ballungsräumen zu finden – unverzichtbar insbesondere für große Kongresse.

Beachten Sie: Mehrtägige Konferenzen sind auf Kooperationen mit meist mehreren Hotels angewiesen! Konferenzzentren sind nicht nur großen Tagungsgruppen vorbehalten. Da sie eine Fülle von Räumen bieten, können durchaus auch Seminarveranstaltungen oder Meetings in Konferenzzentren stattfinden. Konferenzzentren bestechen in der Regel durch eine hervorragende technische Ausstattung sowie sehr gute Erreichbarkeit.

- *„Tagung" ist der Oberbegriff für verschiedene Veranstaltungsformen (Seminar, Konferenz, Klausur, Kongress, Meeting, Event).*
- *Unter kommunikativen Aspekten ist es wichtig, den Charakter der eigenen Veranstaltung zu definieren.*
- *Hilfreich ist die Inanspruchnahme externen Sachverstandes bei der Tagungsvorbereitung.*
- *Eine der ersten Entscheidungen sollte die Definition des Tagungsumfeldes sein.*

2. Von der Aufgabenstellung zur Angebotseinholung

Im vorangegangenen Kapitel sind grundlegende Fragen erörtert worden. Tagung ist nicht gleich Tagung – Veranstaltungen unterscheiden sich hinsichtlich ihrer Ziele, der Teilnehmerkreise und allgemeiner Anforderungen. Es gibt externe Dienstleister, die Sie bei Ihrer Vorbereitung unterstützen und Sie haben unterschiedliche Veranstaltungsorte kennen gelernt. Die weitere Darstellung geht davon aus, dass Sie sich für ein Tagungshotel als Veranstaltungsort entschieden haben und dass Sie alle Vorbereitungen selbst leisten wollen. Jetzt wird es konkret!

2.1 Holen Sie unterschiedliche Angebote ein!

Tagungshotels unterscheiden sich unter anderem durch Leistungsspektrum, ihrer Ausstattung, der Servicequalitäten und der angebotenen Kapazitäten. Um diese Unterschiede herauszuarbeiten und das für Ihre Tagung geeignete Hotel zu finden, sollten Sie Angebote unterschiedlicher Hotels einholen.

Adresspool zusammenstellen
Es wird vorausgesetzt, dass Sie sich für eine bestimmte Veranstaltungs-Region oder Veranstaltungsstadt entschieden haben: Stellen Sie jetzt einen Pool von Hoteladressen zusammen! Ihrem Fingerspitzengefühl und Ihrer Intuition wird es zu verdanken sein, ob die Hotelrecherche erfolgreich ist. Dazu bieten sich Ihnen folgende Möglichkeiten:

a. Recherche über Landestourismusverbände: In jedem Bundesland gibt es eine solche Organisation, die (häufig kostenlos) Verzeichnisse über Tagungshotels herausgibt.
b. Recherche über städtische oder regionale Tourismusorganisationen: Jedes Oberzentrum und jede Region unterhält in der Regel eigene Tourismusorganisationen, die ebenfalls Verzeichnisse über Tagungshotels herausgeben.
c. Recherche über einschlägige Tagungshotelführer.

Hilfreich ist natürlich das Internet – über Suchmaschinen werden Sie sicher sehr schnell fündig.
Eine weitere Möglichkeit, Hoteladressen zu finden, stellen Zentralen von Hotelkonzernen, Reservierungssysteme oder Hotelkooperationen dar. Hotelkonzerne sind in der Regel auch international operierende Unternehmen, deren Hotels im gewissen Sinne „Außenstellen" des Unternehmens sind. Diese Konzerne unterhalten zentrale Reservierungsabteilungen (zum Beispiel Arabella Sheraton). Andere Hotels haben sich so genannten Reservierungssystemen angeschlossen. Das bedeutet: Eigenständige Hotels haben sich unter einer „Reservierungsmarke" zusammengeschlossen (zum Beispiel Best Western). Es gibt Hotels, die sich im Rahmen von Kooperationen zusammengeschlossen haben, einen gemeinsamen Einkauf betreiben, sich unter einer Dachmarke am Markt präsentieren und auch Tagungsanfragen zentral bearbeiten (zum Beispiel Landidyll-Hotels). Wenn Sie sich dazu entschieden haben, solche Zentralen mit Ihrer Anfrage anzusprechen, sollten Sie sich der Vor- und Nachteile bewusst sein. Ein großer Vorteil besteht darin, dass Sie kom-

petente Auskünfte erhalten und sich somit viel Arbeit ersparen. Ein Nachteil besteht darin, dass die angefragten Hotels immer nur eine „Angebotslinie“ bedienen; „Romantik-Hotels“ verfügen beispielsweise wie „Robinson-Hotels“ über kennzeichnende Merkmale. Daher lautet die Empfehlung: Nutzen Sie alle zur Verfügung stehenden Kanäle, verlassen Sie sich nie auf nur eine Produktlinie. Im Anhang dieses Buches finden Sie einige ausgewählte Internetadressen für diese „Sammelanfragen“.

Bereits zu diesem Zeitpunkt sollten Sie selektieren – damit Sie sich später den Arbeitsaufwand sparen: Neben Telefon- und Faxnummer sowie Hotelanschrift sollten Sie sich der jeweiligen Internetadressen versichern. Prüfen Sie die jeweiligen Präsentationen mit kritischem Blick, beachten Sie aber: Nicht jede Präsentation zeigt die Hotelrealität, nicht jede Präsentation ist professionell erstellt. Daher gilt: Das Internet bietet eine erste Orientierungshilfe, ist aber als alleinige Entschcidungshilfe völlig ungeeignet. Ein wichtiger Anhaltspunkt für Ihre Orientierung kann es sein, im Rahmen der Internetpräsenz eines Hotels einen eigens eingerichteten Bereich für Tagungsveranstalter zu finden. Treffen Sie eine begründete Auswahl von Hotels, die als Veranstaltungsort für Ihre Tagung geeignet scheint.

Formulieren Sie ein Anforderungsprofil!
Um es vorwegzunehmen: Manchmal ist es sehr schwer, unterschiedliche Angebote miteinander zu vergleichen. Daher: Fordern Sie alle infrage kommenden Hotels mit dem gleichen (Brief-) Text zur Abgabe eines Angebotes auf!

Zuständig für die Erstellung von Angeboten in einem Hotel ist in der Regel die Veranstaltungsabteilung, manchmal heißt diese auch Bankettabteilung oder Tagungsabteilung. Gehen Sie davon aus, dass Ihr Schreiben – als Fax – an der Rezeption empfangen wird und an die zuständige Abteilung weitergeleitet wird.
Es ist notwendig, in dem Schreiben alle Leistungen aufzulisten, die das Hotel für Sie erbringen soll!

Dazu gehören:

a. die Zahl der Teilnehmer Ihrer Tagung sowie deren ungefährer Anreisezeitpunkt,
b. Konditionierung von behinderten Tagungsteilnehmern,
c. die Zahl und die Art der für Ihre Veranstaltung notwendigen Hotelzimmer (Referentenzimmer, Doppelzimmer bzw. Einzelzimmer),
d. die Beschreibung benötigter Raumkapazitäten (Tagungsraum, Gruppenarbeitsräume etc.),
e. Beschreibung der Art der Bestuhlung,
f. die Beschreibung notwendiger technischer Voraussetzungen,
g. die Beschreibung geforderter Verpflegung, also Cateringleistungen,
h. die Beschreibung eventuell benötigter Rahmenprogramme oder Incentives.

Beachten Sie: Je detaillierter Sie Ihr Anforderungsprofil formulieren, umso korrekter wird das Ihnen präsentierte Angebot sein!

An dieser Stelle folgt ein Exkurs über die verschiedenen Begriffe, denn damit machen Sie sich gegenüber der zuständigen Hotelabteilung verständlich.

„Behindertengerecht" oder „Barrierefrei"

Die Schwächsten bestimmen das Marschtempo! Tagungsteilnehmer, die über eine körperliche Behinderung verfügen, erwarten selbstverständlich, dass ihnen Bedingungen am Tagungsort geboten werden, die eine optimale Einbeziehung in die Abläufe gewährleisten. Fast alle – in den letzten Jahren errichteten – Tagungshotels verfügen über entsprechend ausgestattete Bereiche. Inzwischen gibt es sogar Tagungshotels, die sich auf die speziellen Bedürfnisse dieser Bevölkerungsgruppe eingestellt haben (Behindertenverbände helfen mit Ratgebern). Die Regel ist aber: Hinterfragen Sie, in welchem Maß und mit welcher Qualität Tagungsstätten auf Veranstaltungen mit behinderten Menschen vorbereitet sind. Der auch hier herrschende „Begriffsmischmasch" macht eine grundsätzliche Verständigung notwendig. Informieren Sie sich vorab darüber, ob an der von Ihnen geplanten Tagung auch Menschen mit Behinderungen teilnehmen und wie sich der Grad der Behinderung darstellt. Zwei Einstufungen sollten diesbezüglich unterschieden werden. Als „bedingt barrierefrei" gelten Tagungsstätten, die von Rollstuhlfahrern nur mit Einschränkungen genutzt werden können. Dazu gehört die Breite der Türen (Eingangsbereich, Aufzüge, Toiletten und Zimmer sowie Tagungsräume), die mindestens 0,70 Meter beträgt. Als barrierefrei werden Tagungshotels eingestuft, die Rollstuhlfahrer selbstständig nutzen können. Die Kriterien dafür orientieren sich weitgehend am Regelwerk DIN 18024 und DIN 18025 für behindertengerechtes Bauen. Türen sind demzufolge mindestens 0,80 Meter breit, das Hotel verfügt über einen ausgewiesenen Behindertenparkplatz. Zugänge sind entweder ebenerdig gestaltet oder mit geringfügig hohen Stufen versehen. Spezielle Vorschriften gelten für die Sanitärbereiche.

Zimmer
Der Unterschied zwischen Einzel- und Doppelzimmern muss nicht erklärt werden, wohl aber deren Ausstattung. Vielfach werden für Tagungsveranstaltungen Doppelzimmer zur Einzelbelegung vergeben – ohne Aufpreis. Grundsätzlich besteht jedoch auch die Möglichkeit, zwei Tagungsteilnehmer in einem Doppelzimmer „unterzubringen" – eine Frage der Zumutbarkeit und des Ihnen zur Verfügung stehenden Budgets. Achten Sie daher auf die Art der angebotenen Betten:

Französische Betten: Verfügen über eine durchgehende Matratze in einem „Chassie" – für eine Doppelbelegung vorgesehen, verbietet sich die Belegung des Zimmers mit zwei Tagungsteilnehmern grundsätzlich.

Twins: Zwei Betten mit unterschiedlichen Matratzen, die auch voneinander getrennt im Raum aufgestellt werden können; für sparsame Tagungsveranstalter eine durchaus interessante Variante, weil dann zwei Tagungsteilnehmer in einem Doppelzimmer wohnen können und bei dieser Belegung bis zu 70 % des Übernachtungspreises gespart werden kann!

Die Bettentypen „King-Size“ und „Queen-Size“ beschreiben lediglich unterschiedliche Bettenqualitäten. Für Ihre Entscheidung sind diese Qualitäten zunächst unerheblich.

Die Unterbringung von Referenten hingegen kann in so genannten „Referentenzimmern“ erfolgen. Das sind Hotelzimmer, welche entweder über spezielle Ausstattungsmerkmale verfügen (beispielsweise Arbeitsmöglichkeiten) oder im Rahmen eines „Upgrades“ – ohne Aufpreis – komfortabler ausgestattet sind als andere Zimmer.

Tagungsräume
Die Zahl der Teilnehmer Ihrer Tagung sowie die Tagungsform Ihrer Veranstaltung bestimmen die Anforderungen und die Zahl der von Ihnen benötigten Tagungsräume. Sollten Sie beispielsweise beabsichtigen, ein Seminar zu veranstalten, in dessen Verlauf sich die Teilnehmer im Rahmen von Gruppenarbeiten zurückziehen sollen, dann benötigen Sie neben einem Tagungsraum weitere – kleinere – Gruppenarbeitsräume. Gleiches gilt natürlich für Kongresse und Konferenzen. Für ein Meeting oder auch für eine Klausur benötigen Sie unter Umständen Räume mit einem besonderen Ambiente. Events unterliegen hingegen besonderen räumlichen Anforderungen.
In jedem Fall sollten Sie im Rahmen Ihrer Angebotsaufforderung deutlich machen, welche Räume Sie zu welchem Zeitpunkt mit welcher Bestuhlungsform benötigen.

Beispiele für Bestuhlungsformen

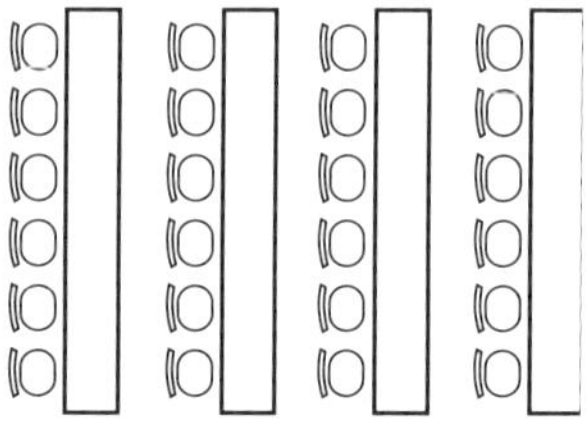

Konferenzbestuhlung mit Tischen

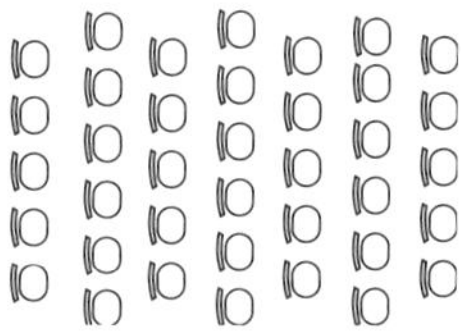

Konferenzbestuhlung als „Kinobestuhlung"

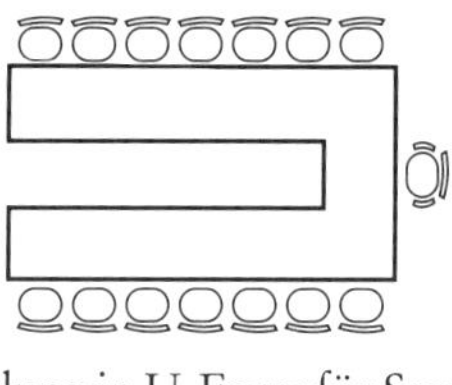

Bestuhlung in U-Form für Seminare

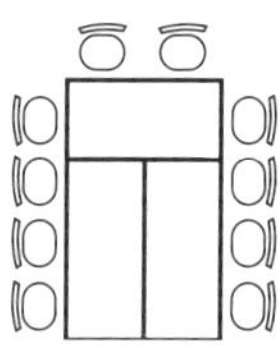

Blockbestuhlung für Seminare, Meetings, Klausuren

Die Art und Weise der Bestuhlung Ihres Tagungsraumes bestimmt der Charakter der geplanten Veranstaltung. Recht eindeutig stellt sich die Bestuhlung bei Konferenzen und Kongressen dar:

Parlamentarische Bestuhlung
Die Aufstellung von Tagungsgestühl hinter Tagungstischen. Die Teilnehmer Ihrer Veranstaltung blicken in Richtung eines Podiums bzw. einer Präsentationsfläche und haben die Möglichkeit, auf dem vor ihnen stehenden Tisch Mitschriften anzufertigen. Tagungsgetränke und Snacks können ebenfalls auf dem Tisch abgestellt werden.

Kinobestuhlung
Meint die geordnete Aufstellung von Stuhlreihen in einem Konferenzsaal hintereinander mit Blickrichtung zum Podium beziehungsweise zu einer Präsentationsfläche. Mitschriften von Referaten können nur mühsam hergestellt werden.

Typische Seminarbestuhlungen
Die so genannte U-förmige Bestuhlung, die „Blockbestuhlung“, die „Kreisbestuhlung“ und die „Geschlossene Bestuhlung“. In Abhängigkeit vom Veranstaltungsziel kommt es bei dieser Bestuhlungsvariante vor allen Dingen darauf an, dass eine kommunikative Situation organisiert ist, das heißt, die Teilnehmer der Tagung haben Blickkontakt, der Austausch von Gedanken und Meinungen erfolgt face-to-face. In Abhängigkeit von der „Kommunikationsplanung“ werden gegebenenfalls Tische im Raum platziert, um

Mitschriften der Tagungsteilnehmer zu ermöglichen. Kommt es lediglich auf Gespräche an, werden offene Formen – ohne Tisch und damit Mitschriftmöglichkeiten – als „Bestuhlungsvariante" gewählt.

Technische Voraussetzungen

Die technische Grundversorgung einer Tagung wird mit dem Begriff „Standardtechnik" beschrieben. Es handelt sich dabei immer um ein Angebotspaket, das in der Regel folgende Bestandteile hat: Flipcharts (Tafeln, die mit einem Block Schreibpapier bespannt sind), Pinnwände (Tafeln, an die mittels spezieller Nadeln Schrifttafeln „angepinnt" werden können), Overhead-Projektor (für die Präsentation von beschrifteten Folien auf eine Leinwand) und ein Moderatorenkoffer (ausgestattet mit Schreibutensilien für den Referenten sowie mit Papiertafeln unterschiedlichen Zuschnitts für Referenten und Tagungsteilnehmer). Überlegen Sie, welche zusätzlichen technischen Voraussetzungen vom veranstaltenden Hotel zur Verfügung gestellt werden sollen: Beamer, Leinwände, eine Bühne mit Rednerpult etc.

Übersetzungsleistungen

Bei international ausgerichteten Tagungen werden vielfach Übersetzungsleistungen benötigt. Diese Leistungen werden in zwei unterschiedlichen Formen erbracht: Beim *Konsekutivdolmetschen* erfolgt die Übertragung längerer Redeabschnitte (bis 20 Minuten) zeitversetzt anhand von Notizen nach dem Vortrag des Originaltextes. Einsatzgebiete sind vor allem Tisch- und Begrüßungsreden, Vorträge, schwierige bilaterale Verhandlungen, feierliche Anlässe (Festreden) usw. Die

Zahl der erforderlichen Dolmetscher ist abhängig vom Schwierigkeitsgrad und der Einsatzdauer. Zu beachten ist, dass durch die nachträgliche Verdolmetschung die doppelte Zeit für die Veranstaltung einzuplanen ist.
Beim Simultandolmetschen werden Redebeiträge „fast in Echtzeit“ übertragen. Diese Dolmetschart erfordert höchste Aufmerksamkeit und Konzentration des Dolmetschers, weshalb immer mindestens 2 Simultandolmetscher (bei erschwerten Einsätzen auch 3 Simultandolmetscher oder mehr) pro Sprachrichtung zusammen in einer schallisolierten Dolmetscherkabine arbeiten. So können sie sich gegenseitig unterstützen und regelmäßig abwechseln. Einsatzgebiete sind unter anderem: größere mehrsprachige Veranstaltungen und Konferenzen sowie Tagungen und Verhandlungen, bei denen die durch das Konsekutivdolmetschen entstehende Zeitverzögerung vermieden werden soll.

Tages- und Tagungspauschalen
Eine Vielzahl von Leistungen wird in der so genannten Tagungspauschale zusammengefasst Dazu zählt auch die oben beschriebenen „Standardtechnik“. Bestandteil einer Tagungspauschale sind unter Umständen Raumbereitstellungen sowie Raummieten, in jedem Fall aber die so genannten Catering- also Verpflegungsleistungen. Eine Tagestagungspauschale umfasst in der Regel neben einem Mittagessen auch zwei Kaffeepausen. Bei einer so genannten „Tagungspauschale“ sind die Übernachtung des Tagungsteilnehmers im Einzel- oder Doppelzimmer, zwei Kaffeepausen, ein Mittagessen und ein Abendessen enthalten.
Achten Sie besonders darauf: Tages- oder Tagungspauschalen enthalten nicht selten Leistungen, die Sie nicht

benötigen, die Sie jedoch – wenn Sie die Tagungspauschale akzeptieren und buchen – natürlich mitbezahlen. Stadt- und Schlossführungen, eine „Schnupper-Beauty-Anwendung“ oder auch „Geschenke des Hauses“ sollten Sie kritisch hinterfragen und gegebenenfalls aus dem Angebot herausrechnen lassen.

Rahmen- und Incentiveprogramme
Nicht selten gehen Zielstellungen von Tagungsveranstaltungen über die Wissensvermittlung hinaus. Oft sind Tagungen auch Veranstaltungen, die die Vermittlung sozialer Kompetenzen oder auch Veranstaltungsteile beinhalten, die als so genannte „Incentives“ bezeichnet werden. Dabei handelt es sich um Programmpunkte (oder auch die gesamte Veranstaltung!), die Mitarbeiter „belohnen“ und Leistungen stimulieren soll.
Während Rahmenprogramme (beispielsweise Theater- oder Konzertbesuche am Abend, die geführte Besichtigung einer Sehenswürdigkeit oder eine Schifffahrt etc.) relativ leicht organisierbar sind – die Veranstaltungsabteilungen von Hotels haben sich auf Anfragen solcher Art eingestellt und halten in der Regel eine größere Auswahl von Vorschlägen zur Verfügung –, kann die Organisation von Incentives (beispielsweise ein Törn auf einer historischen Segelyacht, ein besonders hochwertiges Essen in historischen Räumen oder ein Fahrt sicherheitstraining auf einer Autorennstrecke – der Phantasie sind keine Grenzen gesetzt –), zeitlich und finanziell äußerst aufwändig sein. Die Inszenierung qualitativ hochwertiger Incentives sollten Sie darauf spezialisierten Unternehmen, so genannten Incentive-Agenturen, überlassen.

Setzen Sie nun aus diesem Leistungsspektrum „Ihre Tagung“ zusammen, formulieren Sie in Ihrem Schreiben auch, worin das Ziel Ihrer Veranstaltung besteht (ohne Firmeninterna auszuplaudern) und vergessen Sie nicht, ein Datum zu nennen, an dem Sie das Angebot des Hotels erwarten. Achten Sie auf präzise und unmissverständliche Formulierungen, verzichten Sie auf einen langen und ausschweifenden Text.

Stellen Sie einen Adresspool zusammen und formulieren Sie die Anforderungen, die das Hotel erfüllen muss, in einem Schreiben. Teilen Sie auch ein Datum mit, bis zu dem Sie ein Angebot erwarten.

2.2 Vergleichen Sie die Angebote kritisch

Was nun folgt, haben Sie nicht erwartet! Nachdem Sie (beispielsweise) sieben Hotels aufgefordert haben, Ihnen ein Angebot für Ihre Tagung zu unterbreiten erhalten Sie:

- sieben Angebotsschreiben per Fax
- sieben unterschiedliche „Allgemeine Geschäftsbedingungen“ und Vertragsangebote
- später sieben Briefe der Hotels; darin enthalten: nochmals das Angebot, Vertrag, Allgemeine Geschäftsbedingungen (AGBs), Prospekte, Bankettmappen, Tagungsmappen etc.

Und zu guter Letzt rufen sieben, sehr freundliche Hotelmitarbeiter an, die von Ihnen wissen wollen, ob Sie Fragen haben, Hilfe anbieten etc. Sie wissen: Eigentlich wollen die Hotelmitarbeiter nur Ihre Entscheidung für ihr Haus. Lassen Sie sich nicht aus der Ruhe bringen. Vielleicht haben Sie sich selbst einen Termin gesetzt, oder es gibt firmenintern einen Termin, dann können Sie den doch mitteilen, etwa: „Bitte rufen Sie mich nach dem 13. nochmals an, dann haben wir unsere Entscheidung gefällt.“ Bedenken Sie: Der Wettbewerb auf dem Tagungsmarkt ist hart, der Kollege oder die Kollegin, die Sie gerade anruft, steht unter erheblichen Erfolgsdruck!

Wie groß dieser Druck sein kann, davon soll folgendes Exempel zeugen: Stellen Sie sich vor, Sie haben in den Kreis der infrage kommenden Hotels ein kleines Privathotel einbezogen. An vier Tagen wollen Sie mit 30 Teilnehmern ein Seminar veranstalten. Das bedeutet für das Hotel ein Umsatzvolumen von circa 16.000 Euro, dazu kommen weitere Auslagen der Tagungsteilnehmer. Und rechnen Sie jetzt gegen: Bei einem Zimmerpreis von circa 100 Euro müsste das gleiche Hotel 1.600 Buchungsvorgänge vornehmen! Für ein Hotel der genannten Größenordnung kann die Platzierung Ihrer Veranstaltung daher von gravierender wirtschaftlicher Bedeutung sein.

Eine Matrix erstellen!
Aber wie nun weiter? Wie mit den Hochglanzprospekten, den Angebotsschreiben, den Verträgen etc. umgehen? Sortieren Sie zunächst Postkarten, Werbegeschenke und nicht relevante Prospekte aus und

legen Sie sie beiseite. Nehmen Sie zunächst nur die Angebotsschreiben zur Hand und filtern Sie die für Ihre Veranstaltung relevanten Angaben heraus. Stellen Sie diese in einer Matrix vergleichbar dar! Das heißt, notieren Sie die jeweiligen Zimmerpreise und die Preise der angebotenen Tagungspauschalen. Durchforsten Sie jetzt die Angebote nach weiteren Kostenpositionen, dabei sollten Sie auf zwei Dinge besonders achten: Im Normalfall sind die Kosten für die Nutzung der Tagungsräume bereits in den Tagungspauschalen enthalten. Einige Hotels verlangen jedoch Nutzungsentgelte für Räume, das heißt, im Rahmen des Angebotes wird von Ihnen eine „Raummiete" verlangt. Darüber hinaus ist es in einigen Hotels üblich, „Raumbereitstellungskosten" zu erheben. Dieses Buch ist nicht der Ort, diese Positionen zu kommentieren, Sie müssen sie jedoch in Ihre Kalkulation einbeziehen. Weitere – nicht unerhebliche Positionen – können Gebühren für Technik sein (beispielsweise Leihgebühren für Beamer), Parkplatzgebühren und Gebühren für Verbrauchsmaterialien (Kopien, Flipchartpapier, Faxe etc.). Schwierig wird die Vergleichbarkeit von Angeboten, die unterschiedliche Arten der Bereitstellung von Getränken beinhalten. Drei Varianten sind üblich: Entweder sind alle Tagungsgetränke bereits in der Tagungspauschale enthalten. Oder, Variante zwei: Ein gewisses Kontingent von Tagungsgetränken ist in der Pauschale enthalten, der Verbrauch darüber hinaus wird gesondert berechnet; Variante drei geht von der generellen Berechnung nach Verbrauch aus.

Kosten pro Kopf errechnen!
Errechnen Sie die Gesamtkosten Ihrer Tagung, nachdem Sie alle in den Angeboten genannten Preise ermittelt haben, und dividieren Sie sie durch die Zahl der Tagungsteilnehmer. Dieser Preis pro Kopf macht alle vorliegenden Angebote hinsichtlich der zu erwartenden Kosten vergleichbar und stellt eine erste – wichtige – Entscheidungshilfe für Sie dar. Für den Fall, dass für Ihre Tagungsveranstaltung ein begrenztes Budget vorgegeben wurde, können Sie nun weiter selektieren. Angebote, die weit über den Vorgaben liegen, sollten Sie aussortieren. Seien Sie fair und setzen Sie die Anbieter telefonisch über Ihre Entscheidung in Kenntnis. Begründen Sie Ihre Entscheidung mit dem nicht zur Verfügung stehenden Budget. Möglicherweise hat das anbietende Hotel einen (mitunter erheblichen) kalkulatorischen Spielraum. Sollten Sie diesbezügliche Offerten erhalten, loten Sie den Spielraum aus und entscheiden Sie dann über den Verbleib des Hotels in Ihrem Pool „möglicher Kandidaten“.
An dieser Stelle soll auch über Geld gesprochen werden! Die bereits beschriebene Wettbewerbssituation eröffnet natürlich die Möglichkeit, die Angebote verschiedener Hotels gegeneinander auszuspielen und so den Preis zu drücken. Bedenken Sie jedoch, dass eine Tagung eine Investition ist. Natürlich kann ein Hotel eine Veranstaltung zu einem geringeren Preis anbieten: Dann ist es aber nicht das ruhige Zimmer zur Seeseite, in welchem die Tagungsteilnehmer erholsamen Schlaf finden sollen, sondern das Zimmer zur Straße. Und dann ist es nicht die Tagungspause, die hochwertige „Muntermacher“ anbietet, sondern dann wird das prä-

sentiert, was die Küche eben gerade vorrätig hat. Das Feilschen um Preise kann mit der Konsequenz einer verminderten Qualität Ihrer Tagung verbunden sein. Das kann bedeuten, dass Ihre Investition zur Fehlinvestition wird, weil die (qualitativ minderwertigen) Bedingungen nicht tagungsunterstützend wirken und weil die Tagungsteilnehmer mit der minderen Qualität der Veranstaltung eine mindere Wertschätzung ihrer Person verbinden. Eine unangenehme Situation, die letztlich auf Sie als Veranstalter zurückfällt.

- *Stellen Sie einen Adresspool zusammen!*
- *Fordern Sie alle Hotels mit einem gleich lautenden Schreiben auf, ein Angebot abzugeben.*
- *Verdeutlichen Sie die finanziellen Aspekte der Ihnen vorliegenden Angebote im Rahmen einer Matrix und vergleichen Sie sie.*

3. Der persönliche Prüf-Besuch

Sie haben Angebote unterschiedlicher Tagungshotels vorliegen. Mithilfe einer Matrix haben Sie die Angebote (ungefähr) vergleichbar gemacht. Sie haben eine Vorauswahl getroffen. Nun stehen Sie vor der Frage, für welches der verbliebenen Angebote Sie sich entscheiden. Wenn es Ihr Zeitbudget ermöglicht, empfiehlt es sich, die Angebote sowie die Tagungshotels eingehend „vor Ort" zu überprüfen. Kapitel 3 beschreibt daher nicht nur den Ablauf einer Hotelbesichtigung, sondern weist auch auf Problemsituationen hin mit zuständigen Hotelmitarbeitern.

3.1 Vorüberlegungen

Es empfiehlt sich, den Besuch im Tagungshotel anzumelden. Schauen Sie sich noch einmal die Ihnen vorliegenden Angebote an; in der Regel wird am Ende des Schriftsatzes auf Ihren Ansprechpartner/Ihre Ansprechpartnerin verwiesen. Vereinbaren Sie einen Gesprächstermin und kündigen Sie an, dass Sie das betreffende Hotel besuchen wollen, weil es für Ihre Veranstaltung in die engere Wahl gekommen ist. Stellen Sie sicher, dass zum angekündigten Gesprächstermin der infrage kommende Tagungsraum sowie beispielhaft ein oder mehrere Hotelzimmer besichtigt werden können und dass Ihr Ansprechpartner Verhandlungs- und Entscheidungskompetenz besitzt. Man wird Sie sehr freundlich empfangen und Ihnen bereitwillig das Hotel präsentieren. Achtung: Ihre Ansprechpartner können Repräsentanten der Verkaufs- oder Bankettabteilung, der Direktion oder speziell ausgebildete Meeting-Manager sein, die sich mitunter einer eigenen Sprache bedienen. Da kann es durchaus passieren, dass ein Hotelzimmer eine „Einheit" ist, Essen und Trinken wird mit „F&B" oder „Catering" bezeichnet und ein Preis kommt als „Rate" daher. Deshalb: Sollten Sie Gesprächsteile nicht verstehen, fragen Sie unbedingt nach. Gehen Sie davon aus, dass Sie mit Hotelmitarbeitern sprechen, die auf die Führung solcher Gespräche trainiert sind und sich in ihrem Haus hervorragend auskennen. Bereiten Sie sich deshalb ebenfalls sehr genau auf dieses Gespräch vor: Rekapitulieren Sie nochmals die Anforderungen, die Sie an die Vorbereitung und Durchführung Ihrer Tagung stellen und verinnerlichen Sie das Ihnen vorliegende Angebot!

Kritischer Blick hinter die Kulissen!

Jetzt hängt alles von Ihrer persönlichen Beobachtungsgabe und Ihrem Verhandlungsgeschick ab! Natürlich ist nicht „Alles Gold, was glänzt". Auch wenn sich die Hotel-Welt großzügig, manchmal schillernd und allzu oft „alles versprechend" präsentiert – gehen Sie davon aus, dass Sie eine Investition tätigen, indem Sie ein Produkt erwerben. Und überzeugen Sie sich vor dem Kauf davon, dass Ihr Erwerb auch all die Eigenschaften besitzt, die man Ihnen verspricht. Daher: Prüfen Sie kritisch, ob die Fotos und die Texte, die dem Angebot des Hauses beigefügt waren, mit der Realität übereinstimmen oder ob Ihnen ein Tagungsumfeld versprochen wurde, das es so nicht gibt.

Kernfrage Servicequalität

Der Erfolg der Tagung wird wesentlich davon abhängen, wie das gesamte Servicepersonal der Tagungshotels auf

Ihre Veranstaltung eingestellt ist. Sie sollten daher versuchen, möglichst viele Servicebereiche und deren Mitarbeiter persönlich kennen zu lernen. Dazu gehören neben den Damen und Herren der Rezeption auch die Angestellten, die im Restaurant arbeiten, die die Wellnessabteilung betreuen, eventuell auch Haustechniker und das Personal des so genannten Housekeepings, also die Mitarbeiterinnen und Mitarbeiter, die für die Ordnung und Sauberkeit auf den Hoteletagen, insbesondere den Hotelzimmern, zuständig sind. In der Regel wird jeder Servicebereich von einem Abteilungsleiter geführt – im Restaurant ist das der Restaurantleiter, dem Housekeeping steht eine Hausdame vor und auch an der Rezeption gibt es einen Kollegen in leitender Funktion.

Während Ihres Aufenthaltes sollten Sie sich auf jeden Fall danach erkundigen, wer für die Betreuung Ihrer Tagung zuständig ist. Das kann – im ungünstigsten Fall – ein Mitarbeiter der Rezeption sein, manchmal der Chef persönlich, oft jedoch – und das ist unzweifelhaft ein dicker Pluspunkt für das Haus – ein „Meeting-Manager". Dabei handelt es sich in der Regel um einen Mitarbeiter, der unter Umständen sogar über eine besondere Ausbildung verfügt und der ausschließlich für die Betreuung Ihrer Veranstaltung zuständig ist.

Erkundigen Sie sich auch, ob es Bereiche des Hotels gibt, die „outgessourct", also ausgelagert wurden. Letzteres ist insofern von Interesse, als dass Teilbereiche des Hotels eventuell nicht dem Management des Hauses selbst unterstehen, sondern im Rahmen von Verträgen an „fremde" Dienstleister vergeben wurden und möglicherweise ein „Eigenleben" führen, auf das während der Veranstaltung – beispielsweise im

Reklamationsfall – nicht kurzfristig Einfluss genommen werden kann.
Planen Sie für Ihren persönlichen Prüfbesuch im Hotel mindestens zwei Stunden ein, besser noch: Übernachten Sie selbst im Hotel, dann erleben Sie das Haus. Vielleicht gelingt es Ihnen auch, mit anderen Tagungsgästen ins Gespräch zu kommen: Deren Erfahrungspotenzial ist für Sie von unschätzbarem Vorteil.

Prüfen Sie persönlich die Bedingungen, die das Tagungshotel für die Durchführung Ihrer Veranstaltung bietet. Je länger und intensiver Sie das Haus kennen lernen, umso realistischer werden Ihre Einschätzungen. Achten Sie insbesondere auf Servicequalitäten – auf die Effizienz der gebotenen Leistungen, auf das Erscheinungsbild und die Freundlichkeit der Mitarbeiter sowie deren Kompetenz.

3.2 Lage – Anreise – Zimmer

Von entscheidender Bedeutung ist die Frage nach dem unmittelbaren Hotelumfeld sowie nach der Erreichbarkeit. In diesem Zusammenhang sind einige grundsätzliche Fragen zu klären! Sehr einfach ist die Einschätzung hinsichtlich der Hotellage, wenn Sie ein Tagungshotel für eine Gruppe suchen, die ungestört und ohne Ablenkung arbeiten soll und deren Teilnehmer zudem flexibel sind. Dann wird Ihre Wahl mit Sicherheit auf das Seminarhaus im Wald, abseits jeglicher Ortschaften fallen. Schwieriger ist diese Anforderung zu erfüllen, wenn die Tagungsteilnehmer auf öffentliche Verkehrsmittel angewiesen sind – der Transport vom Bahnhof oder dem Flughafen kann dann nur mit Taxen oder gecharterten Bussen erfolgen (Vorsicht: Nebenkosten!). Eine Alternative sind Shuttle-Leistungen. Nahezu jedes abgelegene Hotel verfügt über Transportmöglichkeiten, selten sind diese Leistungen jedoch kostenlos. Beachten Sie auch, dass zusätzliche Transportleistungen teilweise nur mit erheblichem logistischem Aufwand zu bewältigen sind.

Es ist leichter, eine Entscheidung zu treffen, wenn Sie auf der Suche nach einem Tagungsort sind, der sich in einem urbanen Ballungsraum befindet. Stadtzentral gelegene Hotels bieten in der Regel kurze Wege zum nächsten Bahnhof, der Busstation oder dem nächsten Flughafen. Nicht zu unterschätzen dürfte die Frage nach den Kosten des Parkens, eventuell in einer (vorhandenen?) Tiefgarage sein. Auch hier können erhebliche Mehrkosten auf Sie zukommen. Gerade in Großstädten haben sich die Gebühren pro Stellplatz geradezu explosionsartig entwickelt, 20,00 € bis 30,00 € pro Platz und Nacht sind inzwischen keine Seltenheit mehr!

Wie auch immer Ihre Entscheidung ausfällt: Die Teilnehmer Ihrer Veranstaltung werden umso entspannter anreisen, je eindeutiger die Anreiseskizze ist, die Sie in jedem Fall der Einladung beifügen müssen! Hotels bieten hier Hilfestellungen und verfügen über entsprechende Unterlagen. Nicht immer stimmen diese jedoch mit der Realität überein: aktuelles Baugeschehen, falsche oder fehlende Hinweisschilder und falsche Lagebezeichnungen haben schon manchem Anreisenden viel Verdruss bereitet.

Wie man sich bettet, so tagt man

Kaum ein Hotelaspekt wird so häufig unter- oder überschätzt wie der Logisbereich eines Tagungshotels. Am Anfang Ihrer Überlegungen sollte die Frage stehen, welche Funktion das Hotelzimmer für die Teilnehmer Ihrer Veranstaltung erfüllt. Nachdem Sie bereits entschieden haben, ob sich Ihre Tagungsveranstaltung arbeitslastig darstellt (bedingt Zimmer, die auch Arbeitsmöglichkeiten vorhalten) oder doch eher repräsentativ (bedingt repräsentative Zimmer mit hohem ästhetischen Anspruch) ist, sollten Sie folgende Fragen einer eingehenden Prüfung unterziehen:

- Wie wichtig ist es für Sie als Veranstalter, ob die Teilnehmer Ihrer Tagung ein privates – gegebenenfalls auch komfortables – „Rückzugsgebiet“ haben?
- Sollen oder müssen die Teilnehmer Ihrer Tagung im Hotelzimmer vor- oder auch nacharbeiten?

Insbesondere die Antwort auf die letzte Frage ist wichtig, denn wenn Sie diesen Anspruch haben, müssen Sie natürlich darauf achten, dass die Hotelzimmer auch entsprechend ausgestattet sind und welche zusätzlichen Kosten eventuell entstehen.

Also:

- Ist ein Schreibtisch vorhanden? Werden Büromaterialien bereitgestellt?
- Welche technischen Anschlüsse bzw. welche technischen Voraussetzungen sind im Logisbereich gegeben (Internetanschluss, W-LAN bsp.)?
- Wie gut ist das Licht zum Arbeiten? (künstliches Licht oder Fenster!)
- Welche Bestuhlung hat das Zimmer?

Nicht unwesentlich für Ihre Preiskalkulation ist auch die Frage nach unterschiedlichen Zimmerkategorien. Bringen Sie darüber hinaus in Erfahrung, ob vom Hotel spezielle Allergikerzimmer, Zimmer für Nichtraucher und Zimmer für Behinderte angeboten werden. In einer großen Zahl von Hotels ist es inzwischen üblich, dass Referenten bzw. VIPs spezielle, besser ausgestattete bzw. größere Zimmer zur Verfügung gestellt werden – eine Referenz an die gesellschaftliche Stellung von VIPs bzw. an die besonderen Arbeitsbelastungen, denen Referenten mitunter unterworfen sind. Häufig werden diese Referentenzimmer im Rahmen eines so genannten „Upgrades“ zur Verfügung gestellt, das heißt, dass – je nach Verfügbarkeit – der bessere Zimmertyp für den ursprünglichen Preis vergeben wird.
Von erheblicher Bedeutung ist das Badezimmer, immerhin der Raum, in dem sich jeder Hotelgast zuerst am Tag erblickt und in dem auch grundsätzliche „Tagesformfragen“ entschieden werden. Duschen (oft über/in Badewannen) mit Plastik- oder Stoffabtrennungen sind immer problematisch. Der Inhalt von Kosmetikkoffern und ähnlichen Behältnissen muss problemlos auf Konsolen abstellbar sein, und zwischenzeitlich gibt es technische Möglichkeiten, die für einen geräuschlosen Abzug von Dunst und „Düften“ im Badbereich sorgen. Ein von Hotels wenig kommunizierter Aspekt ist die Matratzenqualität. Die ist insofern von besonderem Interesse, weil Ihre Tagungsteilnehmer (durchschnittlich) acht Stunden im Bett verbringen, um sich auszuruhen und zu erholen. Schlechte Matratzenqualität bedingt schlechte Ruhephasen der Tagungsteilnehmer mit entsprechenden Konsequenzen für Arbeitsprozesse

am folgenden Tag. Prüfen Sie daher, ob die Matratzen verschlissen, also durchgelegen, sind. Erfragen Sie auch Reinigungszyklen: Hotels, die in diesem Punkt nichts zu verbergen haben, werden Ihnen entsprechende Zertifikate vorlegen. Abschließend sollten Sie die Gesamtanmutung der offerierten Zimmer einschätzen – sind es ausreichend große und wohnliche Refugien und sind sie ästhetisch eingerichtet?

Wo letztlich Ihr Tagungshotel liegt, entscheidet das Ziel Ihrer Tagung, in jedem Fall sollten Sie Tagungsteilnehmern eine problemlos und strapazenfreie Anreise ermöglichen. Von nicht unerheblicher Bedeutung ist die Ausstattung des Logisbereiches – auch hier diktiert das Tagungsziel die Voraussetzungen, die er bieten muss.

3.3 Tagungsräume

Den Tagungsmöglichkeiten eines Hotels muss Ihre uneingeschränkte Aufmerksamkeit gelten. Darüber hinaus sollten Sie Ihren Besuch zum Anlass nehmen, um sich alle weiteren (Arbeits-)Einrichtungen des Hauses anzuschauen. Verschaffen Sie sich zunächst einen Eindruck davon, welchen Stellenwert das Tagen im betreffenden Hotel hat. Handelt es sich um ein Haus, dass beiläufig Räume zum Arbeiten anbietet, oder handelt es sich um ein Haus, in dem häufig Tagungen stattfinden? Handelt es sich also um ein Hotel, in dem man tagen kann, oder handelt es sich um ein Tagungshotel? Weder das eine noch das andere bietet eine vollständige Gewähr für Ihre erfolgreiche

Tagung, aber Sie können davon ausgehen, dass in einem profilierten Tagungshotel alle tagungsrelevanten Probleme mit großer Professionalität gelöst werden. In diesem Zusammenhang und in Abhängigkeit vom Tagungsziel: Handelt es sich bei dem angebotenen Raum um einen Raum, der dem Arbeiten vorbehalten ist, oder wird er gelegentlich auch „zweckentfremdet", beispielsweise für Bankettveranstaltungen? Für ein Mitarbeitertraining, eine Schulungsmaßnahme etc. wird natürlich ein speziell ausgestatteter Tagungsraum benötigt, für ein Vorstandsmeeting oder die Klausurtagung der Geschäftsführung sind sicherlich auch Räume geeignet (und gelegentlich auch gewünscht), die eher repräsentative Funktionen haben: Jagd- und Kaminzimmer ebenso wie Bibliotheken. Achten Sie auf die Lage der Tagungsräume im Hotel. Es hat sich bewährt, wenn alle Arbeitsräume zentral, aber vom übrigen Hotelbetrieb getrennt sind, weil Sie dann davon ausgehen können, dass Ihre Veranstaltung nicht durch andere (Hotel-) Aktivitäten gestört wird. Diesbezüglich sollten Sie sich jedoch versichern, dass parallel zu Ihrer Veranstaltung keine weitere stattfindet, die Sie stören könnte – beispielsweise Bankette, Empfänge oder andere publikumswirksame Veranstaltungen, die mit großem öffentlichen Interesse verbunden sind. Prüfen Sie die Lage des Tagungsraumes insbesondere zur Küche des Hotels und achten Sie darauf, dass keine Geruchsbelästigung stattfindet. Von erheblicher Bedeutung – vor allem bei Großveranstaltungen, beispielsweise bei Kongressen ist auch die Lage und Beschaffenheit weiterer „Arbeitsstationen": Wo können Registrierungsbereiche aufgebaut werden, welche Möglichkeiten der Ausschilderung gibt es, wo kann Tagungsmaterial (sicher!) ein- bzw. zwischenge-

lagert werden, wo befinden sich die Garderoben und die Toiletten und genügen deren Kapazitäten. Für den Fall, dass Ihre Tagung von einer Ausstellung, einer Messe oder einer Präsentation begleitet wird, sollten Sie sich ein umfassendes Bild über die Anlieferungsbedingungen verschaffen. Dazu zählt auch, dass Sie sich nach der korrekten Lieferanschrift erkundigen (wenn beispielsweise Speditionen als Carrier tätig sind), Höhe und Breite von Transportwegen einschätzen (wenn Sie besonders Sperriges ausstellen) und konkrete Absprachen über Lieferzeiten sowie Zeiten, in denen auf- und abgebaut wird, treffen. Versichern Sie sich weiterhin, dass Lastenaufzüge vorhanden sind, die auch wirklich für den Transport Ihrer „gewichtigen Objekte“ ausgelegt sind, und stellen Sie sicher, dass es statisch möglich ist (Hängepunkte!), präsentierte Objekte von der Decke abhängen zu können.
Insbesondere bei stadtzentral gelegenen Hotels sollten Sie darauf achten, dass eventuelle Verkehrsströme vor den Fenstern des Tagungsraumes nicht stören; natürlich müssen für diesen Fall die Fenster auch schallisoliert sein. Unbedingt sollten Sie bei der Besichtigung des Tagungsraumes die Angaben des Ihnen vorliegenden Angebotes rekapitulieren und prüfen, ob der angebotene Raum über ausreichend Tageslicht verfügt (sollten die Fenster mit Gardinen verhangen sein: bitten Sie um „prüfende freie Sicht“!), akzeptieren Sie für Ihre Veranstaltung keinesfalls einen Raum, in dem lediglich Kunstlicht vorhanden ist. Ihre Tagungsteilnehmer werden es Ihnen mit Aufmerksamkeit danken. So wichtig vorhandenes Tageslicht ist, so wichtig kann auch der Schutz davor sein: nämlich dann, wenn die Sonneneinstrahlung zu heftig wird. Sonnenrollos oder ähnliche Vorrichtungen sollten vor-

handen sein, wenn sich die Fenster des Tagungsraumes in Richtung Süden öffnen. Prüfen Sie auch, wie die Verdunklung des Tagungsraumes funktioniert – nicht jedes Verdunklungssystem gewährt die benötigte Dunkelheit für Beamer- oder Folienpräsentationen!
Sollte es sich bei dem angebotenen Raum um das Segment einer größeren Einheit handeln, die mittels einer flexiblen Trennwand von anderen Räumen separiert wird, müssen Sie testen, ob die Schalldichtigkeit gewährleistet ist; andernfalls besteht die Gefahr, dass Ihre Tagung akustisch von Parallelveranstaltungen gestört wird. Achten Sie weiterhin darauf, dass im Raum die benötigte Anzahl von Technikanschlüssen vorhanden ist (Steckdosen für Strom, Telekommunikation etc.). Setzen Sie sich zur Probe auf einen der Stühle im Tagungsraum und halten Sie sich vor Augen, dass die Teilnehmer Ihrer Tagung auf diesem Stuhl mehrere Stunden, unter Umständen sogar mehrere Tage „ausharren" müssen und dabei auch noch Denkleistungen erbringen sollen. Stühlen, die über Armlehnen verfügen, sind aus ergonomischen Gründen der Vorzug zu geben. Sehr viel besser – aber eben auch sehr viel seltener – sind Stühle, die für individuelle Sitzpositionen eingestellt werden können.
Überprüfen Sie, ob die Größe des angebotenen Raumes für Ihre Veranstaltung ausreichend ist – als Faustregel gilt: Pro Tagungsteilnehmer sollten in einem Seminarraum circa 4 bis 5 Quadratmeter zur Verfügung stehen; hinzu kommen gegebenenfalls Interaktionsflächen. Lassen Sie sich die Lage der Pausenzone zum Tagungsraum zeigen. Achten Sie weiterhin darauf, dass im Raum weder Säulen oder andere statische Elemente den Blick der Tagungsteilnehmer verstellen und dass der Raum

über eine entsprechende Höhe verfügt. Letzteres ist insbesondere im Zusammenhang mit Projektionen wichtig. Bedenken Sie auch, dass Raumhöhen wesentliche Einflüsse auf die Aufenthaltsqualität haben! Machen Sie sich letztlich ein Gesamt-Bild vom Ambiente – wie wird der Raum auf die Teilnehmer Ihrer Veranstaltung wirken; unterstützt er die Erreichung des Tagungszieles oder ist der Raum selbst ein ablenkendes „Kunstobjekt"?
Anhand der von Ihnen in der Angebotsaufforderung genannten Ansprüche an die technische Ausstattung des Tagungsraumes sollten Sie sich ein Bild davon verschaffen, ob diese auch wirklich vorhanden sind und wo sie sich befinden. Gehen Sie davon aus, dass Strom und Telefonanschlüsse in einem profilierten Tagungshotel in ausreichendem Maße vorhanden sind. Schwierig wird es aber, wenn Sie – für aufwändige Präsentationen oder Bühnenshows etwa – einen Starkstromanschluss benötigen. Spätestens zu diesem Zeitpunkt sollten Sie darum bitten, dass zum Gespräch einer der Haustechniker hinzugezogen wird – es ist schließlich sein Metier!
In diesem Zusammenhang sollten Sie auch klären, wie das Hotel Ihre technischen Anforderungen erfüllen will. Zwar halten viele Hotels ein ausreichendes Technikarsenal vor, mehr und mehr gehen Häuser jedoch auch dazu über, mit Technikverleihern zusammenzuarbeiten. Das heißt, auf Ihre Anforderung hin werden Beamer & Co. beschafft. Spätestens an dieser Stelle sollten Sie die Preise einer kritischen Betrachtung unterziehen: Häufig wird beim Mieten ein kleiner – gelegentlich auch ein etwas größerer – Aufschlag verlangt. Sie sollten abschätzen, ob Sie bereit sind, diese Mehrkosten zu tragen, oder ob Sie in direkten Kontakt mit einer Technikverleihfirma treten wollen.

Mindestens das gleiche Interesse wie den Tagungsräumen sollte den Gruppenarbeitsräumen gelten. Achten Sie darauf, dass sie sich in unmittelbarer Nähe zum Tagungsraum befinden und über die gleichen Ausstattungsmerkmale wie der Tagungsraum verfügen. Lassen Sie sich nur bedingt und nach reiflicher Überlegung darauf ein, Teile des Logisbereiches oder ähnliche „Arbeitsecken" (Sitzecken im Foyer, Flure, Kaminzimmer etc.) als Gruppenarbeitsräume zu nutzen.
Eine Sonderstellung nehmen Tagungsveranstaltungen ein, die entweder mit Teilen oder in Gänze in so genannten Outdoorparcours stattfinden. Das sind in der Regel Hoch- oder Niederseilgärten, auch andere Trainingsgelände und -möglichkeiten sind bekannt (Tunnelsysteme, Flüsse, Kletterstrukturen). Sie können in unterschiedlichem Maße zu Prozessbildungen herangezogen zu werden. Gleichermaßen stehen in diesem Zusammenhang jedoch Sicherheitsfragen an allererster Stelle. Hinterfragend Sie, ob der betreffende Parcours über Zertifikate verfügt und wer (mit welcher Ausbildung?!) die Betreuung und Sicherung dieser Trainings übernimmt.

Nicht nur den Tagungsraum anschauen

Weitere Leistungsbereiche des Hotels, die in unmittelbarem Zusammenhang mit Ihrer Tagung stehen oder stehen könnten, sollten ebenfalls Ihr Interesse finden. Im Idealfall verfügt das Haus über ein Tagungsbüro, das heißt, über einen unmittelbar im Tagungsbereich befindlichen Arbeitsraum, in dem ein oder mehrere Hotelmitarbeiter für Sie als Veranstalter ständig ansprechbar sind. Das ist insofern von Bedeutung, als Sie im Verlauf Ihrer Tagung immer wieder vor

Aufgaben gestellt sein werden, bei deren Lösung Sie die Hilfe und Unterstützung des Hotelpersonals benötigen. Technische Probleme (Beameranschluss, Overheadprojektor, Internetanschlüsse etc.), Fragen der gastronomischen Versorgung, Auskünfte über Verkehrsanbindungen (beispielsweise kurz vor Abreise), Faxe absetzen, Kopien fertigen etc. – die Liste von Problemen und Problemchen kann während der Veranstaltung lang werden. Professionelle und unkomplizierte Hilfe wird dann von Ihnen besonders geschätzt. In diesem Zusammenhang sollten Sie sich ebenfalls nach dem Vorhandensein einer Computer-Work-Station erkundigen: Die größte Zahl von Tagungshotels hat sich inzwischen darauf eingestellt, dass Tagungsteilnehmer im Bereich der Tagungsräume auf einen Internet-Zugang angewiesen sind, der insbesondere für das Abrufen elektronischer Post benötigt wird. Er kann aber auch für persönliche Recherchen genutzt werden. Hotels stellen solche Arbeitsmöglichkeiten entweder kostenfrei oder kostengünstig zur Verfügung. Kostenpflichtig indes kann ein so genannter Sekretariatsservice sein, der insbesondere bei Konferenzen und Kongressen eine herausragende Rolle spielt. Sollten Sie sich noch nicht im Rahmen der Angebotseinholung nach den entsprechenden Kosten erkundigt haben, erfragen Sie sie detailliert.

Auch die Lage und die Ausstattung des Tagungsraumes und der Gruppenarbeitsräume entscheidet über den Erfolg einer Tagung. Prüfen Sie deren Ausstattung kritisch. Unverzichtbar ist eine professionelle Tagungsbetreuung.

3.4 Alle übrigen (Service-) Leistungen

Der Aufenthalt in einem Tagungshotel beschränkt sich nicht auf die Tätigkeiten „Arbeiten“ und „Schlafen“. Eine Vielzahl von Serviceleistungen erhöhen den Wert eines Hotels und machen es zu einem wertvollen Tagungsort. Kenntnisse sowie detaillierte Absprachen zu ausgewählten und benötigten Serviceleistungen können für Ihre Tagungsvorbereitung außerordentlich wichtig sein.
Von weiterem Interesse sollte die Klärung folgender Fragen sein:

- Zeiten für Check-in und Check-out,
- Öffnungszeiten unterschiedlicher gastronomischer Bereiche,
- Nutzungsbedingungen für den eventuell vorhandenen Room-Service,
- Leistungsprofil des Concierge-Service,
- Lieferbedingungen des Wäsche-Service.

Von immer größer werdendem Interesse ist der Aspekt Sicherheit. Dass so genannte Sprinkleranlagen nicht nur Menschen und Gebäude im Brandfall wirksam schützen, setzt sich in der Hotelerie mühsam durch, das Vorhandensein von Rauchmeldern und ausgeschilderten Fluchtwegen hingegen sollte als selbstverständlich vorausgesetzt werden.
Spezialisten sollten Sie unbedingt zu Rate ziehen, wenn Teilnehmer Ihrer Tagung auf Personenschutz angewiesen sind.

Buffet oder Menü?

Um es vorwegzunehmen: Hotelküchen sind besser als ihr

Ruf. Vorbei sind die Zeiten, in denen man sich nur zögerlich in Hotelrestaurants traute, weil die neben einer imaginären Hemmschwelle zudem in dem Ruf standen, eine schlechte Küche zu servieren. Zwischenzeitlich haben sich – auch einige Tagungshotels – zu Gourmethochburgen verwandelt, in denen international erfahrene und renommierte Köche kochen. Die Qualität der verarbeiteten Produkte hat sich ebenfalls stark erhöht. Sie sollten Ihren Besuch zum Anlass nehmen, um sich von der Qualität der angebotenen Speisen persönlich zu überzeugen. Zunächst optisch: Vielleicht haben Sie einen Termin am Morgen vereinbart und Sie sehen noch das Frühstücksbuffet. Achten Sie darauf, ob geleere Schüsseln und Teller nachgefüllt werden, ob unterschiedliche Säfte, Joghurt- und Marmeladensorten beschriftet sind und ob gebrauchtes Geschirr zügig abgetragen wird. Darüber hinaus wird Ihnen zweifellos der Tagungsbereich und damit auch der Pausenbereich des Hotels präsentiert. Sie sollten darauf achten, dass beide Bereiche nur durch wenige Meter getrennt sind. Es sei denn, die Jahreszeit, das Wetter und vorhandene räumliche Bedingungen sprechen für eine Pausengestaltung im Freien, auf einer Dachterrasse oder einem anderen Ort. Beobachten Sie, was Tagungsgruppen in den Pausen angeboten wird: Handelt es sich um lieblos hingestellte Joghurtbecher und überquellende Obstkörbe (deren Früchte in einer Tagungspause niemand essen wird, weil beispielsweise das Schälen einer Orange im Stehen äußerst schwierig ist) oder gibt es frisch geschälte Obst- und Gemüsesticks mit unterschiedlichen Dipps? Werden Speisen angeboten, die den Magen belasten, oder werden frische und leichte „Muntermacher“ präsentiert? Auch in diesem Bereich gilt: Ausnah-

men sind zulässig – die Besucher der Jahrestagung der Dachdeckerinnung werden sich wahrscheinlich nicht mit Gemüsesticks zufrieden geben …
Nehmen Sie Ihren Besuch zum Anlass, die Küche persönlich zu testen. Es muss ja nicht ein opulentes Mal sein, schon eine Suppe, ein kleiner Salat oder ein Dessert ist geeignet, eine Vorstellung von der Leistungsfähigkeit der Küche zu erhalten. In diesem Zusammenhang: Jeder Hotelrepräsentant wird Ihnen mehrfach und glaubhaft versuchen zu versichern, dass alle Produkte, die die Küche verarbeitet, frisch sind und vom Metzger um die Ecke geliefert werden, und dieser verarbeitet nur Biofleisch aus ökologischem Anbau … Lassen Sie sich nicht ins Bockshorn jagen! Natürlich gibt es Hotelküchen, die auf dieser Grundlage produzieren, ihre Zahl ist jedoch verschwindend gering. Der größte Teil der Hotelküchen kocht auf der Grundlage so genannter Conviniens, also auf der Grundlage industriell vorgefertigter Speisen. Deren Qualität hat sich um ein Mehrfaches sichtlich verbessert! Während noch vor Jahren Conviniens als minderwertig abqualifiziert wurden, können Sie heute sogar davon ausgehen, dass der Obstsalat auf dem Frühstücksbuffet ebenfalls unter industriellen Bedingungen hergestellt wurde. Schließlich wird man Sie mit der Frage konfrontieren, wie das Mittag- sowie das Abendessen ablaufen soll – Menü oder Buffet? Beide Varianten haben Vor- und Nachteile, umfassend darauf einzugehen, ist an dieser Stelle jedoch nicht der Platz. Bedenken Sie: Buffets werden in der Regel erst ab einer bestimmten Personenzahl angeboten (Richtwert circa 20 Personen), sie bieten zwar Vielfalt, machen aber bereits nach

kurzer Zeit einen „abgefressenen Eindruck", Speisen köcheln mitunter stundenlang vor sich hin – unter anderem das Gemüse dürfte dann nicht mehr über wertvolle Inhaltsstoffe verfügen. Zweifellos hochwertiger sind Menüs, die als 2- oder 3-Gang-Variante daherkommen. Profilierte Restaurants bieten unterschiedliche Varianten – Menüs für Vegetarier, für Fischliebhaber und Menüs für erwiesene Fleischesser.

Am Abend in die Sauna?

Kaum ein Hotel kommt ohne so genanntes Wellness-Areal aus – was immer man darunter versteht. Die Palette reicht von der einfachen Finnischen Sauna mit einem Tauchbecken bis hin zu komplett ausgestatteten Badelandschaften mit angeschlossenem Kosmetik- und Beautybereich. Tischtennisräume, Räume mit Fitnessgeräten, Fahrradverleihmöglichkeiten sowie diverse Sportangebote ergänzen die Palette der Offerten, die Tagungshotels im Freizeitbereich bieten. Aber: Wie viel Freizeit hat bzw. braucht ein Tagungsgast? Grundlegend gilt auch hier: Das Ziel der Veranstaltung gibt die Beantwortung diese Frage vor. Handelt es sich um eine Tagung, die auch Incentive-Elemente beinhaltet (also belohnende Veranstaltungsteile), ist wohl das Vorhandensein eines Wellnessbereiches unverzichtbar. Soll die Tagung vor allen Dingen Verkaufstalente schulen, soll ein Team kreative Ideen innerhalb kürzester Zeit entwickeln oder handelt es sich um eine Produktschulung, bei der im 24-Stunden-Rhythmus die Teilnehmer wechseln, ist ein Wellnessbereich sicherlich verzichtbar. Unverzichtbar hingegen sollte eine Grundversorgung an Sport- und Freizeitmöglichkeiten sein: Dazu kann ein Joggingpfad ebenso wie eine wohlsortierte Bibliothek zählen. In den letzten Jahren haben sich insbesondere Tagungshotels vermehrt darum bemüht, Tagungsangebote mit speziellen Gesundheitsangeboten zu koppeln; etwa: „Nur wer sich von seiner Arbeit auch richtig erholt, kann anschließend wieder mit vollem Einsatz tätig werden." Nordic-Walking-Kurse, homöopathische Kurse, spezielle Ernährungsprogramme etc. werden Tagungsveranstaltern angeboten – bislang jedoch nicht mit „durchschlagenden Erfolg". Mangel an Zeit (während der Tagung) sowie an Geld oder fehlendes Interesse der Veranstalter könnte dafür verantwortlich sein, obwohl die Philosophie durchaus besticht und letztlich den veranstaltenden Unternehmen nutzt, denn gesunde Mitarbeiter sind effizient arbeitende und kreative Leistungsträger.

Der persönliche Prüfbesuch in einem anbietenden Tagungshotel ist von unschätzbarem Vorteil, weil nur so ein korrekter Eindruck aller Servicebereiche entsteht.

- ***Das Tagungsziel definiert die Lage und die Ausstattung des Hotels, eine unkomplizierte Erreichbarkeit muss gewährleistet sein.***
- ***Arbeitsräume müssen über bestimmte Ausstattungsmerkmale verfügen; tagungsbetreuende Meeeting-Manager sind für den korrekten Tagungsablauf von unschätzbarem Wert.***
- ***Die Relevanz weiterer Serviceleistungen hängt ebenfalls vom Tagungsziel ab.***

4. Firmeninterne Vorbereitung

Sie haben Ihre Wahl getroffen und eine Tagungsstätte gefunden. Jetzt kommt es darauf an, wie Sie Ihre Veranstaltung unmittelbar vorbereiten. Denn während Sie bislang damit beschäftigt waren, Angebote verschiedener Veranstalter zu prüfen, gilt Ihre Aufmerksamkeit nun auch den Teilnehmern Ihrer Veranstaltung, und die werden letztlich darüber entscheiden, ob Ihre Tagung eine Erfolg war – oder eben nicht!

4.1 Veranstaltungsvereinbarung abschließen

„Verträge sind zum Vertragen da" – beachten Sie diesen Grundsatz und verdeutlichen Sie sich folgenden Zusammenhang: Das Tagungshotel bzw. die Tagungsstätte, die Sie für Ihre Veranstaltung nach bestem Wissen und Gewissen ausgewählt haben, will Ihre Vorstellungen und Pläne umsetzen, kurz – Ihnen bei Ihrer Tagung vollumfänglich zur Seite stehen. Weil, und das ist eine nicht zu unterschätzende Überlegung, Sie als Tagungsveranstalter ein wichtiger Hotelkunde sind. Darüber hinaus sind die Teilnehmer Ihrer Tagung bedeutsame Multiplikatoren. Es war bereits die Rede von Investment. Natürlich investieren Sie auch in Ihre Tagungsstätte – und, so verrückt es sich anhört, auch Ihr Tagungshotel investiert ins Sie als Veranstalter, denn es hat ein vitales Interesse daran, dass Ihre Veranstaltung ein Erfolg wird: Das Haus verspricht sich nämlich ein „Folgegeschäft"! Das kann möglich werden, weil beispielsweise Ihre Geschäftspartner davon hören, dass im „Hotel X" hervorragende Tagungsbedingungen

herrschen, weil die Veranstaltung für Sie ein Erfolg war und Sie eine Veranstaltungsreihe (in diesem Hotel!?) konzipieren, weil Sie im Rahmen Ihrer PR-Arbeit von dem Erfolg Ihrer Tagung im „Hotel X“ berichten etc. Die Kunde über die Qualität der durchgeführten Veranstaltung wird sich im Lande verbreiten – bei potenziellen Tagungskunden und in der Branche selbst! Unterschätzen Sie dabei den letzten Aspekt nicht – so wie das Hotel auf Sie als zufriedenen Kunden angewiesen ist, so ist es auch darauf angewiesen, dass sein Image innerhalb der Branche nicht beschädigt wird. Und das wissen alle Beteiligten.
Sie sind also – auf Gedeih und Verderb – aufeinander angewiesen!

Vertragsanforderungen
Begreifen Sie daher Ihr Verhältnis zu Ihrem Tagungshotel grundsätzlich als aktive Partnerschaft, die allerdings einen juristischen Rahmen braucht. Einen Vertrag, der die Rechte und Pflichten beschreibt, die Sie miteinander eingehen. Dieser Vertrag sichert beide Seiten. Sie als Veranstalter werden beruhigt zu Ihrem Tagungsort fahren, weil Sie einen unterschriebenen Vertrag in der Tasche haben, der Ihnen (gegen Geld) bestimmte Leistungen zusichert. Und das Tagungshotel kann Sie beruhigt zu Ihrer Tagung erwarten, weil es ebenfalls einen Vertrag unterschrieben hat, der ihm nach Leistungserbringung Umsätze zusichert. Messen Sie also dem Vertrag eine gewisse Bedeutung bei, ohne ihn überzubewerten. Eines sollte Ihnen auf jeden Fall klar sein: Im Falle einer Auseinandersetzung (Reklamationen etc.) mit dem Hotel nach der

Veranstaltung werden wesentliche Positionen und weitere Verfahrensweisen vom Inhalt des Vertrages bestimmt. Dies ist zwar nicht der Ort, um die juristischen Feinheiten eines Veranstaltungsvertrags einzugehend zu interpretieren, aber es soll auf Grundsätzliches eingegangen werden. Wenn Sie dem Hotel signalisiert haben, dass Sie sich für dieses Haus als Tagungshotel entschieden haben, wird man Ihnen einen Schriftsatz vorlegen, der neben veranstaltungsrelevanten Unterlagen auch einen Vertragstext sowie die Allgemeinen Geschäftsbedingungen des Hotel beinhaltet. Sie brauchen sich also um dessen Ausfertigung keine Gedanken zu machen. Erhalten Sie kein Vertragsangebot, sollten Sie auf die Ausfertigung eines solchen Vertrags bestehen.

Liegt Ihnen der Vertrag dann vor, werden Sie wohl insbesondere die rechtlichen Formulierungen mit ihrer Tragweite nicht einschätzen können. Nutzen Sie die Möglichkeit, den Vertragstext der juristischen Abteilung Ihres Hauses zur Prüfung vorzulegen. Das sollten Sie in jedem Falle tun, wenn Ihre Veranstaltung einen gewissen Kosten-Rahmen übersteigt (etwa, wenn Sie eine Konferenz mit 100 Teilnehmern planen oder Zimmerkontingente größeren Ausmaßes buchen). Für die Absicherung eines Seminars, an dem 20 Mitarbeiter teilnehmen, wird das nicht notwendig sein. Dann haben Sie „Gottvertrauen“ und bauen Sie darauf, dass der Vertragstext nichts anderes ist als eine standardisierte Vereinbarung, die vor Ihnen schon Hunderte von Veranstaltern unterschrieben haben. Und die Sie im Übrigen auch einhalten wollen – genau wie das Hotel auch.

Vertragsinhalt überprüfen

Auf eines aber sollten Sie unbedingt achten: Prüfen Sie den Vertrag auf Vollständigkeit! Erinnern Sie sich: Sie haben eine Angebotsaufforderung an das Hotel geschickt. Bestandteil dieser Angebotsaufforderung waren „Bausteine“, also Leistungen, die das Hotel für Sie erbringen soll. Nun müssen Sie überprüfen, ob diese „Bausteine“ auch im Vertrag enthalten sind. Prüfen Sie den Vertrag aber auch hinsichtlich der Beschreibung der angebotenen Räume. Sie sollten rekapitulieren, welche Tagungsräume man Ihnen bei Ihrem persönlichen Prüfbesuch gezeigt hat. Vergewissern Sie sich, dass die Nutzung der Räume, für die Sie sich bei Ihrer Besichtigung entschieden haben, auch wirklich im Vertrag vorgesehen sind.

Einige Hotels schreiben im Vertrag die Zahlung eines Deposits fest. Das heißt, man fordert von Ihnen, dass Sie bis zu einem Zeitpunkt vor Ihrer Veranstaltung einen Teil des zu erwartenden Gesamtumsatzes vorab bezahlen (in der Regel 3 bis 4 Wochen vorher). Eine sicherlich nicht ganz unproblematische Praxis, geht es doch in erster Linie darum, dass sich das Hotel vorab Ansprüche sichert – unabhängig davon, wie Ihre Tagung dann wirklich verläuft. Vor dem Hintergrund leidvoller Erfahrungen von Hotels ist diese Regelung letztlich verständlich und auch nachvollziehbar: Sie schützt den Partner, der beträchtliche Vorleistungen für Sie erbringt – Personal muss vorgehalten werden, Räume und Zimmer werden blockiert und Waren müssen eingekauft werden. Nicht selten haben Firmenpleiten und Zahlungsunwilligkeit von Tagungskunden Hotels um ihren Verdienst gebracht. Und letztlich ist es mit dieser Regelung wie mit den Allgemeinen Geschäftsbedingungen, die vielfach Be-

standteil des Veranstaltungsvertrages sind: Sie kommen um deren Akzeptanz nicht herum, Sie sind nicht verhandelbar! Also: Sind sie für Sie nicht annehmbar, dann schauen Sie sich nach einem anderen Hotel um!
Hinterfragen sollten Sie in jedem Fall die vertraglich zuzusichernden Stornierungsbedingungen. Das sind Fristen, innerhalb derer Sie Ihre Veranstaltung zunächst kostenfrei, später gegen Zahlung von Teilbeträgen, die sich am erwarteten Umsatz messen, gegenüber dem Hotel absagen können. Diese Fristen sollten Sie sich merken bzw. kalendarisch notieren. Sollte firmenintern Anlass zur Stornierung der Tagung bestehen, können Sie sich mit einem kurzen Blick versichern, ob und wenn ja, in welcher Höhe Kosten auf Sie zukommen. Prüfen Sie explizit die im Vertrag genannte Rechnungsanschrift auf Vollständigkeit und Richtigkeit und achten Sie darauf, dass der Vertrag Aussagen zu „Selbstzahlerregelungen“ trifft.
Als Veranstalter werden Sie sicherlich Kosten für Logis, Tagungspauschalen etc. übernehmen. Stellen Sie jedoch sicher, dass sich die Teilnehmer während Ihrer Tagung nicht aus Ihrer Veranstalterkasse bedienen: Das abendliche Bier an der Bar oder aus der Minibar im Zimmer, die Kosten für private Internet-Nutzungen, Telefonkosten oder auch die Kosten, die aus der Beauty-Behandlung nach der Tagung resultieren, müssen Sie nicht übernehmen – es sei denn, es gibt Gründe dafür.

Detailfragen klären

Sollte der Ihnen vorgelegte Veranstaltungsvertrag nicht Ihre Erwartungen erfüllen, verhandeln Sie den Vertragstext in den Punkten nach, die Sie nicht akzeptieren wollen oder können. Erst wenn Sie sich sicher sind, dass der Vertrag Ihre Ansprüche vollumfänglich erfüllt und Sie ebenfalls bereit sind, seine Bedingungen zu erfüllen, unterschreiben Sie!

Vielfach werden Sie vom Hotel im Rahmen dieses Schriftsatzes auch aufgefordert, gewisse „Basisinformationen" mitzuteilen. Dazu kann die Nennung der Namen der Tagungsteilnehmer, der Titel Ihrer Veranstaltung, der Name Ihres Referenten etc. gehören. Kommen Sie diesen Aufforderungen nach! Das Hotel benötigt diese Informationen, um seinerseits Ihre Tagung vorbereiten zu können. Ihre Tagungsteilnehmer werden es zu schätzen wissen, wenn Sie am Anreisetag beim Einchecken mit ihrem Namen angesprochen werden, Ihr Referent wird es Ihnen danken, wenn auf seinen Namen ein Parkplatz reserviert wurde, und natürlich ist es ein deutliches Zeichen professioneller Tagungsvorbereitung, wenn zu Tagungsbeginn der Name Ihrer Firma und der Titel Ihrer Veranstaltung vom „Stummen Diener" im Eingangsbereich des Hotels genannt wird.

Dies jedoch alles nur dann, wenn es keine Gründe dafür gibt, die gegen eine gewisse Öffentlichkeit Ihrer Veranstaltung sprechen. Nicht jede Klausur, nicht jedes Meeting möchte diese Öffentlichkeit. Etwa, wenn Firma „A" mit Firma „B" über eine Fusion verhandelt oder Allianzen geschmiedet werden, die noch nicht spruchreif sind. Aber auch für Letzteres gilt: Sprechen Sie mit der Veranstaltungsabteilung des Hotels darüber – man wird auch für Diskretionen ein offenes Ohr haben!

Sie sind eine Partnerschaft eingegangen – mit Rechten und mit Pflichten. Festgeschrieben sind diese in einem Vertrag zwischen Ihnen und dem Tagungshotel. Prüfen Sie den Vertrag vor Unterzeichnung inhaltlich und formal!

4.2 Kurz- und mittelfristige Veranstaltungsvorbereitung

Noch haben Sie Zeit bis zum Beginn Ihrer Veranstaltung! Im Normalfall zwei bis vier Wochen. Ein Zeitraum, den Sie intensiv nutzen sollten, weil eine Vielzahl von zu erledigenden Aufgaben jetzt vor Ihnen steht.

Weitere Verträge abschließen

Sie haben sich unter anderem auch deshalb für einen Tagungsort entschieden, weil Sie auf ortsansässige externe Dienstleister zurückgreifen wollen. Ihre diesbezüglichen Gespräche waren bislang unverbindlich, weil Ihre Entscheidung für das betreffende Tagungshotel noch nicht gefallen war. Durch die Unterzeichnung des Vertrags mit dem Hotel können jedoch alle weiteren Entscheidungen „festgezurrt" werden. Sie müssen jetzt Ihre externen Dienstleister an sich binden – in jedem Fall vertraglich! Vertrauen Sie nicht darauf, dass der Technikverleiher die Beamer pünktlich anliefert und installiert, dass der Florist den Tischschmuck zum genannten Zeitpunkt liefert und aufstellt und die Eventagentur ihrerseits auf der Basis von Verträgen Künstler engagiert usw.

Der Abschluss einer Vielzahl von Einzelverträgen mit

externen Dienstleistern entfällt natürlich, wenn sich das Veranstalterhotel (vertraglich!) verpflichtet hat, seinerseits alle weiteren notwendigen Dienstleister für die Veranstaltung zu binden. Für diesen Fall sollten Sie gegenüber dem Hotel jedoch eine Art von „Kontrollfunktion" ausüben und penibel darauf achten – und sich gegebenenfalls auch darüber berichten lassen –, dass diese Verträge (nach dem Charakter „Werkverträge") zwischen dem Hotel und den Dienstleistern auch wirklich abgeschlossen werden.
Ein wichtiger Bestandteil Ihrer Planungen können auch so genannte „Damenprogramme" sein. Der Begriff entstammt allerdings einer Zeit, in der lediglich Männer bei Tagungen zusammensaßen. Längst haben die sich geändert: „Damenprogramme" können durchaus auch „Männerprogramme", also kurz „Programme für Begleitpersonen" sein. Verlassen Sie sich diesbezüglich auf die Empfehlungen, die die Veranstaltungsabteilung des Veranstaltungshotels macht. Sie verfügt über entsprechende Erfahrungen und die notwendige Ortskenntnis, um für jedes Budget attraktive Angebote zu offerieren. Aber auch hier gilt: Schließen Sie – wenn möglich – entsprechende Verträge über Zusatzleistungen entweder mit den jeweiligen Veranstaltern selbst oder mit dem Hotel ab, verlassen Sie sich keinesfalls auf mündliche Zusagen. Auch die Zufriedenheit oder die Unzufriedenheit über Begleitprogramme kann zu dem öffentlich diskutierten Erfolg Ihrer Tagung beitragen.

Detaillierte Programmplanung erstellen

Grundlage aller bisherigen Aktivitäten war eine vorliegende – grobe – Programmplanung Ihrer Tagung. Nun ist es an der Zeit, alle Feinheiten des Ablaufs Ihrer Veranstaltung festzulegen Dazu gehört auch, dass Sie einen detaillierten Zeitplan erstellen und bestimmen, wann welche Aktion stattfindet. In der Regel wird dies das Zusammenspiel von Vorträgen und Diskussionen im Plenum, von der Besetzung und der Arbeit der Workshops und dem Besuch eventuell begleitender Fachausstellungen sein. Sollten Sie es nicht bereits getan haben: Kümmern Sie sich spätestens zu diesem Zeitpunkt um die Verpflichtung von Moderatoren, Trainern, Referenten und Rednern. Natürlich muss auch dieser Personenkreis eingeladen werden und gegebenenfalls vertraglich gebunden werden. Gemeinsam mit den Referenten, Moderatoren, Trainern und Rednern müssen Sie den detaillierten Ablauf der Tagung besprechen, sie über kurzfristige Programmänderungen rechtzeitig in Kenntnis setzen und gegebenenfalls deren Meinung oder Urteil zu Programmabläufen einholen.

Selbstverständlich haben Sie für bestimmte Beiträge Redezeiten vorgesehen und auch vorgegeben. Wie lange schließlich ein Vortrag dauert, das weiß nur der Redner selbst. Sprechen Sie mit den Referenten und Vortragenden deren technische Anforderungen an ihren Auftritt detailliert ab. Es empfiehlt sich, in dieser Frage besonders eng mit dem Hotel zusammenzuarbeiten, insbesondere mit der Technikabteilung. Klären Sie ebenfalls mit den Referenten, ob deren Redebeiträge, eventuell auch deren Vita, bisherige Veröffentlichungen etc. Bestandteil der Tagungsunterlagen sein sollen. Wird dies gewünscht, müssen Sie sich um die rechtzeitige Bereitstellung der Manuskripte bemühen, denn alle Unterlagen sollten entsprechend der Teilnehmerzahl kopiert sein.

Drucksachen vorbereiten

Tagungen kommen nicht ohne Papier aus! Sie werden eine Fülle von Planungsunterlagen erstellen und aufschreiben, gegebenenfalls auch verschicken müssen.

Dazu gehört natürlich, dass Sie die Teilnehmer Ihrer Veranstaltung formal einladen. Entweder, die Tagung ist eine firmeninterne Veranstaltung, dann werden die Teilnehmer sicherlich im Rahmen von Absprachen oder firmeninternen Hausmitteilungen zu Ihrer Tagung eingeladen. Oder, ihre Tagung ist „offen“, das heißt, dem Kreis der Einzuladenden bleibt es freigestellt, Ihre Veranstaltung zu besuchen – oder eben nicht. In jedem Fall sollten Sie grundsätzlich alle Teilnehmer Ihrer Veranstaltung mit einem persönlichen Brief anschreiben und einladen.

Benennen Sie in diesem Schreiben den Grund der Einladung, teilen Sie Ort und Zeitpunkt der Tagung mit, fügen Sie eine Anfahrtsskizze bei, gegebenenfalls teilen Sie auch öffentliche Verkehrsverbindungen mit, und legen Sie dem Schreiben ein Anmeldeformular bei! Teilen Sie darüber hinaus mit, welche Kosten bei einer Teilnahme entstehen, und nennen Sie einen Zeitpunkt, bis zu dem sich die Teilnehmer anmelden können oder auch ihre Absage mitteilen sollten. Organisieren Sie die Anmeldung Ihrer Teilnehmer im Hotel. Dazu gibt es verschiedene Modelle. Entweder führen Sie selbst Anmeldelisten und geben dann die Namen der Angemeldeten persönlich an das Hotel weiter. Diese Variante hat den Vorteil, dass Sie jederzeit einen aktuellen Ist-Stand haben und auskunftsfähig sind, wer an Ihrer Veranstaltung teilnimmt. Oder Sie überlassen diesen Part den Teilnehmern und bitten Sie, im Rahmen der von

Ihnen formulierten Einladung, sich um die Anmeldeformalitäten selbst zu kümmern. Das setzt voraus, dass Sie im Hotel keine definierte Zahl von Teilnehmern/Hotelzimmern angemeldet bzw. gebucht haben, sondern ein so genanntes Kontingent eingerichtet haben. Dann haben Sie mit der Reservierungsabteilung vereinbart, dass Sie mit (beispielsweise 50) Teilnehmern rechnen. Für diese Teilnehmer ist vom Hotel ein Zimmerkontingent – in diesem Fall 50 Einzelzimmer – zu einem bestimmten Kontingentstichwort eingerichtet worden. Für diesen Fall fordern Sie Ihre Tagungsteilnehmer auf, selbstständig Kontakt mit der Reservierungsabteilung herzustellen und sich unter Nennung des Kontingentstichwortes anzumelden. Der Vorteil dieser Variante liegt darin, dass Sie einen – mitunter erheblichen – Teil von Arbeit durch das Hotel selbst erledigen lassen, der Nachteil besteht darin, dass Sie einen ständigen und engen Kontakt mit dem Hotel organisieren müssen, um ständig über den aktuellen Anmeldestand informiert zu sein.

Begleitende PR-Arbeit planen

Wenn Ihre Veranstaltung von öffentlichem Interesse ist oder beziehungsweise die PR-Abteilung Ihres Unternehmens der Meinung ist, die von Ihnen veranstaltete Tagung sei ein willkommener Anlass, um Ihr Unternehmen oder Ihren Verein in das Licht der Öffentlichkeit rücken zu lassen, sollten Sie eine begleitende PR-Arbeit organisieren. Das heißt auch, dass Sie pressegeeignete Texte entwerfen und nach einem zu erstellenden Verteiler versenden. Oder Sie überlassen diese Arbeit Ihrer PR-Abteilung. Für den Fall, dass Sie im

Rahmen Ihrer Veranstaltung sogar eine Pressekonferenz organisieren wollen, sollten Sie rechtzeitig einen Presseverteiler erstellen und den Kreis der Kollegen der „schreibenden und berichtenden Zunft" definieren. Und ihn natürlich auch rechtzeitig einladen, nachdem Sie sich versichert haben, dass zu dem von Ihnen geplanten Zeitpunkt keine weiteren Pressekonferenzen, Pressegespräche o.ä. stattfinden.
In Ihrer Einladung an Pressevertreter und Redaktionen sollten Sie in jedem Fall den Anlass, Zeitpunkt und Ort Ihrer Pressekonferenz mitteilen, gegebenenfalls dem Einladungsschreiben (zu dem ebenfalls eine Anfahrtsskizze gehört, wenn der Ort nicht allgemein bekannt ist) auch eine Pressemitteilung beilegen, in der über den Veranstalter, den übergeordneten Zusammenhang, das Produkt, das Tagungsziel o.Ä. berichtet wird.
Unter Umständen wollen oder müssen Sie für Ihre Tagung auch öffentlich werben. Messen und andere Informationsveranstaltungen sind dafür hervorragend geeignet; für diesen Fall sollten Sie Ihre „Informationspolitik" planen, Plakate herstellen und deren Vertrieb organisieren sowie Anzeigenschaltungen in Auftrag geben.

Präsentation planen
Für den Fall, dass Ihre Tagung von einer Ausstellung begleitet werden soll, müssen Sie Ausstellerlisten, in denen Sie alle relevanten Daten von Ausstellern zusammenfassen, aufstellen und diesen Personenkreis ebenfalls – so nicht andere Abteilungen Ihres Unternehmens diese Aufgabe im Vorfeld bereits übernommen haben – zu Ihrer Veranstaltung einladen. Für diese Einladung gelten ähnliche Anforderungen wie

für die Einladung an die Tagungsteilnehmer. Nennen Sie darüber hinaus auch eventuelle Lieferanschriften sowie Liefer- und Aufstellerbedingungen. Darüber hinaus müssen Sie auch einen Ausstellerplan erstellen. Vom Hotel haben Sie einen Grundriss der Präsentationsfläche erhalten. Sie sollten auf diesem Plan maßstabsgetreu alle Präsentationspunkte eintragen und prüfen, ob sich die ausgestellten Objekte „nebeneinander vertragen".
Außerdem müssen Sie – vorzugsweise mit dem Haustechniker des Hotels – alle eventuell benötigten Anschlüsse für Be- und Entsorgungen planen. Dazu gehören Strom- und Wasseranschlüsse (einschließlich der Abflüsse) ebenso wie Anschlüsse für Laptops (ISDN-Leitungen) etc. Alle ausstellerrelevanten Informationen (Namen, Firmen, Ausstellungspläne etc.) fassen Sie in einer Ausstellerliste zusammen, die allen Ausstellern – analog der Teilnehmerliste – bei ihrer Anreise übergeben werden.

Persönliche Tagungsunterlagen zusammenstellen
Auf einer gut organisierten Tagung sprechen sich alle Teilnehmer mit ihrem Namen an. Damit das gewährleistet ist, muss von Ihnen organisiert werden, dass Teilnehmer, Aussteller – gegebenenfalls auch die Kolleginnen und Kollegen der Presse – Namensschilder, so genannte Badges, tragen. Badges sind in jedem gut sortierten Papierwarengeschäft erhältlich und bestehen aus einer Schutzfolie sowie einer Befestigungsmöglichkeit und einem auf die relevante Größe zugeschnittenen Karton. Im Vorfeld der Tagung sollten Sie – immer mit Blick auf den aktuellen Teilnehmerstand –

diese Badges vorbereiten, d. h., die Teilnehmernamen aufdrucken lassen und die Badges komplettieren. Ausgegeben werden Sie am ersten Veranstaltungstag – entweder durch die Kolleginnen und Kollegen der Rezeption oder durch das Personal, das das Anmelde- bzw. Registrierungsbüro Ihrer Veranstaltung besetzt und verantwortlich ist für alle Anmeldeformalitäten vor Ort. Dazu gehören auch die persönlichen Teilnehmertagungsunterlagen. Unter Teilnehmertagungsunterlagen versteht man in der Regel alle Unterlagen, die personengebunden jedem Tagungsteilnehmer in einer Tagungsmappe vor Tagungsbeginn – in der Regel durch die Mitarbeiter eines Registrierungsbüros – übergeben werden.

Dazu können gehören:

- Teilnehmerlisten mit Name, Funktion, gegebenenfalls Anschrift und Kontaktdaten
- Ausstellerlisten mit Name, Funktion, gegebenenfalls Anschrift und Kontaktdaten
- Pressemitteilungen zur persönlichen Verwendung durch die Tagungsteilnehmer
- die Tagesordnung Ihrer Veranstaltung
- das Programmheft der Veranstaltung
- Informationsbroschüren, beispielsweise über den Tagungsort
- Manuskripte von Redebeiträgen

Ähnliche Mappen erhalten auch die Aussteller, die Referenten und alle anderen Gäste Ihrer Tagung.
Sollte die Planung Ihrer Veranstaltung ein abendliches Galadinner oder ähnliches vorsehen, bemühen Sie sich – in Absprache mit dem Hotel bzw. seiner Küche – um den Druck von Menükarten.

Begrüßung und Gastgeschenke

Ein heikles Kapitel! Seien Sie sich der Tatsache bewusst, dass Sie eine Gratwanderung machen! Sicherlich wird es jeder Tagungsteilnehmer zu schätzen wissen, wenn er einen Obstkorb (mit Früchten, die sich ohne großen Aufwand verspeisen lassen, eine (unentgeltliche) Flasche Wasser oder/und ein persönliches Begrüßungsschreiben auf seinem Zimmer vorfindet. Vermeiden Sie unbedingt – und das sollte Bestandteil der Detailabsprache mit dem Hotel sein – eine Begrüßung via Fernsehbildschirm! Eine entsetzliche Geste, die Persönlichkeit und Individualität vorgaukelt, letztlich jedoch automatisiert über Computersoftware „eingesteuert" wird. Und entscheiden Sie, ob die Teilnehmer Ihrer Veranstaltung ein (geldwertes) Begrüßungsgeschenk erhalten sollen. Jeder Teilnehmer wird sich über sein Geschenk freuen, es sollte aber dem Anlass angemessen sein und nicht den Eindruck erwecken, dass eine Manipulation oder gar eine Bestechung stattfindet.

Besondere Brisanz gewinnt dieses Thema bei geladenen Pressevertretern. Also: Wenn Sie sich für Gastgeschenke entscheiden, dann bitte nur unverfängliche Geschenke. Gleichermaßen sollten Sie jedoch darauf achten, dass die Geschenke einen Nutzwert haben und in mittelbarem oder unmittelbarem Zusammenhang mit Ihrer Veranstaltung stehen. Angemessene Präsente, die etwa einen Bezug zur Stadt oder der Landschaft haben, in der Ihre Veranstaltung stattfindet und produktbezogene Präsente sind hervorragend geeignet, eine Beziehung der Teilnehmer zu ihrer Veranstaltung herzustellen. Gastgeschenke mit „intellektuellem

Wert“ (Bücher, CD's etc.) sind akzeptabel, vermeiden Sie aber Geschenke, die um ihrer selbst willen gemacht werden: Kugelschreiber, Bonbonrollen und Brieföffner, gar Autoscheibenkratzer oder ähnliches sind tabu – es sei denn, die zuletzt aufgezählten Gegenstände haben einen Bezug zu Ihrer Veranstaltung. Und vermeiden Sie – um es noch einmal und sehr deutlich zu sagen – Geschenke, die den Eindruck von Bestechung erregen könnten (Füllfederhalter mit goldener Feder, Weinpräsente ab einer bestimmten Größenordnung oder gar Blankoschecks).

Planung der Tagungsnachbereitung
Auf die korrekte Nachbereitung von Tagungen wird zwar erst im nächsten Kapitel eingegangen, dennoch sollten Sie sich bereits vor Beginn Ihrer Veranstaltung Gedanken darüber machen, wie Sie Ihre Tagung nachbereiten.
Sie müssen nachbereiten, weil davon zum Einen auch der Erfolg der aktuellen Tagung abhängt und weil Sie zum Anderen eventuell schon die nächste Tagung vorbereiten wollen oder müssen – und dabei aus den Erfahrungen, die Sie gsammelt haben, schöpfen.
Nutzen Sie verschiedene Instrumente, um Ihre Tagung nachzubereiten. Eines der wichtigsten ist zweifellos die Befragung der Tagungsteilnehmer über deren Eindrücke von der Veranstaltung. Entwickeln Sie dazu einen Fragebogen, dessen Bestandteil unter anderem lautet:
- Waren Sie zufrieden mit der Tagungsvorbereitung?
- Waren Sie zufrieden mit dem Tagungsverlauf.
- Wie hat Ihnen das Tagungshotel gefallen.
- Was halten Sie von den inhaltlichen Beiträgen?

usw.

Wie auch immer die Gestaltung Ihres Fragebogens ausfällt (lassen Sie beispielsweise Noten von 1 bis 6 vergeben), eines sollten Sie nie vergessen: Räumen Sie Platz zur „freien Meinungsäußerung“ ein, geben Sie den Teilnehmern Ihrer Tagung die Möglichkeit, sich ohne formellen Zwang – gegebenenfalls auch anonym – zu Sachverhalten zu äußern.

Und vergessen Sie nicht: Tagungsteilnehmer unterliegen auch Stress, ein Fragebogen, den Sie eventuell im Hotelzimmer am Tag der Abreise hinterlegt haben, wird möglicherweise als „überflüssig“ oder „lästig“ empfunden. Machen Sie die Situation zwingend – händigen Sie beispielsweise erst dann das Zertifikat über eine erfolgreiche Teilnahme an einem Seminar aus, wenn der Tagungsteilnehmer seinen ausgefüllten Fragebogen übergeben hat.

Mit der Wahl für eine Tagungsstätte sind eine Reihe weiterer Entscheidungen gefallen – jetzt müssen Sie diese festzurren: Nehmen Sie eine detaillierte Programmplanung vor, schließen Sie Verträge mit weiteren Dienstleistern ab. Organisieren Sie die Herstellung von Drucksachen, bestimmen Sie die Eckpunkte ihrer Pressearbeit, definieren Sie die Ausstellerpräsentationen und stellen Sie die persönlichen Tagungsunterlagen zusammen. Bereiten Sie schon jetzt die Tagungsnachbereitung vor.

5. Tagungsnachbereitung

Alles ist vorbei. Die Teilnehmer der ersten von Ihnen organisierten Tagung sind abgereist, vielleicht sind noch einige Kartons mit nicht gebrauchten Unterlagen zu verladen und im Hotel herrscht längst Alltag – die nächsten Veranstaltungen werden vorbereitet und während Sie persönlich in den letzten Tagen im Mittelpunkt standen, spricht Sie jetzt keiner mehr an – Normalität ist eingezogen! Dennoch: „Ihre Tagung" ist nicht zu Ende!

Persönliche Tagungsnachbereitung

Sie haben angespannt und konzentriert gearbeitet – über Wochen, möglicherweise auch über Monate hinweg. Sie haben Erfahrungen gesammelt, Menschen kennen gelernt und sich weiterentwickelt – beruflich und privat. Aber ebenso wichtig wie die Vorbereitung Ihrer Tagung ist deren Nachbereitung. Jetzt dürfen Sie noch nicht loslassen! Weil Sie um die Wichtigkeit von Erfahrungen wissen, und weil Sie wissen, dass in einigen Monaten, Wochen, vielleicht schon in einigen Tagen „Ihre" nächste Tagung beginnt, sollten Sie sich intensiv der Nachbereitung Ihrer Veranstaltung widmen. Vielleicht haben Sie die Möglichkeit, das Erlebte in Ruhe zu reflektieren. Vielleicht können Sie noch einen Tag im Tagungshotel „dranhängen", und sich im Wellnessbereich ausruhen, Gespräche, Erlebtes und Erfahrenes nachwirken lassen und – ganz für sich – auswerten. Denn aus der Erfahrung von Erlebtem schöpfen Sie die Kraft für Zukünftiges! Es ist in jedem Fall von Vorteil, wenn Sie sich über den gesamten Zeitraum des Vorbereitens Notizen gemacht haben. Über Gespräche, Anbieter, Qualitäten und Quantitäten. Lassen sie

diese Erfahrungen Revue passieren – legen Sie sich ein „mentales Archiv“ von Dingen an, die Ihnen wichtig sind, weil Sie gern wieder darauf zurückkommen und natürlich auch von Dingen, die Sie nie wieder ausprobieren wollen. Wieder „zu Hause“ suchen Sie ein erstes – kurzes – Gespräch mit Ihrem Chef, mit Ihrem Vereinsvorsitzenden oder mit einem Kollegen, der Teilnehmer der Tagung war. Lassen Sie Ihn/oder Sie zunächst unreflektiert sowie emotional über seine/ihre Erfahrungen bei der Tagung berichten und erfahren Sie einen Grundtenor. Fällt der negativ aus, lassen Sie sich nicht verblüffen und überprüfen Sie, was wirklich „schief gelaufen ist“. Ist der Tenor positiv, dann nehmen Sie es als Motivation für eine detaillierte Auswertung Ihrer Tagung oder die Vorbereitung Ihrer nächsten Tagung. Eines steht fest: Nach der Tagung ist vor der Tagung – Sie sollten sich bewusst sein, dass Sie in Ihrer Position immer wieder in die Situation kommen werden, eine ähnliche Veranstaltung vorbereiten zu müssen.
Möglicherweise haben Sie an die Teilnehmer Ihrer Tagung Fragebögen ausgeteilt, jetzt ist der Zeitpunkt, sie kritisch auszuwerten. Legen Sie eine Matrix an, machen Sie die Aussagen vergleichbar und stellen Sie sie in einem Bericht zusammen – das Positive kommt an den Anfang, negative Anmerkungen gehören an den Schluss.

Und wieder: Pressearbeit

Im Rahmen Ihrer Presse- und Öffentlichkeitsarbeit sollten Sie über die von Ihnen durchgeführte Tagung berichten. Nehmen Sie die Ergebnisse Ihrer Veranstaltung zum Anlass, eine Pressemitteilung zu verfassen und versenden Sie sie an den bereits vorliegenden Presseverteiler. Suchen und sammeln Sie alle Artikel, die über Ihre Aktivitäten berichteten, kopieren Sie sie und fassen Sie sie in einem so genannten „Presseclipping“ zusammen. Gemeinsam mit den Ergebnissen der Auswertung von Teilnehmerfragebögen sind sie ein wichtiges Instrument der Kontrolle sowie des Feedbacks und dienen letztlich auch dem firmeninternen Controlling. Ihre Vorgesetzten können anhand der Teilnehmerbefragung, des Presseechos und des Vergleichs von (finanziellem) Aufwand und Nutzen der Tagung entscheiden, ob die Veranstaltung erfolgreich war. Danach folgt dann auch die Entscheidung, ob es eine Folgeveranstaltung geben soll – oder nicht.

Bedanken Sie sich!

Zwar haben Sie den größten Teil der Arbeit erledigt – schließlich ist das Ihr Job – und eigentlich sollten sich alle Verantwortlichen bei Ihnen bedanken, aber: Sie sind jetzt in der Situation, sich bei Teilnehmern und Verantwortlichen bei Referenten und Agenturen und bei den Verantwortlichen Mitarbeiterinnen und Mitarbeitern des Veranstaltungshotels zu bedanken. Am besten schriftlich, denn persönlich haben Sie in den seltensten Fällen Gelegenheit dazu.

Bedenken Sie aber: Jedes Schriftstück, das Sie in diesem Zusammenhang verfassen, wird nur zu gern auch öffentlich gemacht und als Referenz genutzt. Seien Sie also vorsichtig mit Ihrer Wortwohl, „hängen“ Sie sich nicht zu sehr aus dem Fenster und bedenken Sie, dass alles, was Sie aufschreiben, gegebenenfalls auch „gegen Sie“ verwandt werden kann.

Ihr ausdrücklicher Dank sollte den Referenten und Vortragsrednern gelten; nicht nur, weil dieser Personenkreis über erwiesene multiplikatorische Fähigkeiten verfügt. Man wird Ihr Renommee und Ihre Kompetenz auch an der Art und Weise des Umgangs mit diesen Kolleginnen und Kollegen messen.
Auf Eines sollten Sie jedoch genau achten: Die Kolleginnen und Kollegen der Veranstaltungsabteilung der Tagungshotels haben sich für Ihre Veranstaltung stark gemacht. In der Regel wird ihnen das keiner angemessen danken. Daher: Bedanken Sie sich persönlich. Auch unter dem Aspekt, dass Sie eine Folgeveranstaltung im gleichen Hotel durchführen könnten und dann wieder auf deren Kooperationsbereitschaft angewiesen sind. Sie werden merken: Die Herstellung einer persönlichen Beziehung wirkt sich positiv auf Ihren Arbeitsalltag aus, viele Problemstellungen lassen sich sehr viel leichter bewältigen, wenn Sie Ihre Partner persönlich an sich binden.

Das Abschlussgespräch
Firmen-, verbands- oder vereinsintern wird es ein Abschlussgespräch geben – bereiten sie sich gut darauf vor! Grundlage Ihrer persönlichen Vorbereitung auf dieses Gespräch sollten alle auswertungsrelevanten Unterlagen sein – also die Auswertung der Teilnehmerfragebögen, das Presseclipping, eventuell vorhandene Budgetauswertungen sowie Memos über Gespräche, die Sie während oder nach der Tagung mit Teilnehmern, Referenten, Moderatoren oder Hotelangestellten geführt haben.

Rekapitulieren Sie im Team die Aufgabenstellung und legen Sie dar, wie Sie diese Aufgabenstellung umgesetzt haben. Und seien Sie sich eines Umstandes bewusst: Zwar haben Sie nicht „die Welt bewegt", aber eine hochkomplizierte und qualitativ anspruchsvolle Tätigkeit bewältigt. Stellen Sie Ihr Licht nicht unter den Scheffel, seien Sie aber demütig: vor den Leistungen Ihrer Kollegen und denen Ihrer Partner. Seien Sie stolz auf das Erreichte – der Umsetzung des formulierten Tagungszieles.

Bereiten Sie Ihre Tagung nach! Dazu gehört, dass Sie Abläufe, Szenarien und abgeschlossene Vereinbarungen kritisch hinterfragen. Das Ziel ist, Ihre nächste Veranstaltung vor Ihrem persönlichen Erfahrungshorizont noch professioneller vorzubereiten.

Literaturhinweise

- Hank-Haase, Gisela: Der Tagungs- und Kongressreiseverkehr als wirtschaftlicher Faktor in deutschen Großstädten, Geographische Gesellschaft Trier, 1992, ISBN 0171 – 3612
- Neuhoff, Volker: Der Kongress – Vorbereitung und Durchführung wissenschaftlicher Tagungen, VCH – Verlagsgesellschaft 1995, ISBN 3-527-29287-X
- Lepschy, Annette: Besprechungen – Sitzungen – Tagungen, Bund Verlag, 1998, ISBN 3-7663-2823-9
- Schreiber, Michael: Kongress- und Tourismusmanagement, Oldenbourg Verlag, 1999, ISBN 3-486-24896-0
- Wolf, Hans: Tagungskonzeptionen, Praktische Tips & hilfreiche Hinweise für alle, die Veranstaltungen organisieren, Euro-Marketing, 2000

www-Links

- www.concept-potsdam.de
- www.gcb.de
- www.toptagungshotels.de
- www.toptagungslocations.de

www-Links zu ausgewählten Zentralen Reservierungsabteilungen

- Akzent Hotelkooperation GmbH
  www.akzent.de
- Arabella Sheraton Hotelmanagement GmbH

www.arabellasheraton.com
- Best Western Hotels Deutschland GmbH
  www.bestwestern.de
- Flair Hotels e.V.
  www.flairhotel.com
- Kempinski AG
  www.kempinski.com
- Landidyll Hotels & Restaurants e.V.
  www.landidyll.de
- Ringhotels e. V.
  www.ringhotels.de
- Seminaris Hotels & Meeting Resorts GmbH
  www.seminaris.de
- Sorat Hotel Consult GmbH
  www.sorat-hotels.com
- Steigenberger Hotels AG
  www.steigenberger.de
- Welcome Hotels GmbH
  www.welcome-hotels.com

Der Autor

Thomas Kühn ist Autor und Mitherausgeber des Buches „Die besten Tagungshotels in Deutschland“ sowie Autor und Herausgeber des Buches „Besondere Tagungslocations in Deutschland“. Er arbeitet als PR-Berater für Hotels in Deutschland und ist Inhaber der Agentur „Concept Potsdam“, die als Professional Congress Organizer (PCO) bundesweit Tagungen – für Veranstalter kostenfrei – organisiert.

CONCEPT POTSDAM
deutschlandweit
TAGUNGSSERVICE
Ob Tagungshotel
oder Tagungslocation ...
Wir beraten Sie bei Ihrer Wahl.
• kompetent
• zuverlässig
• kostenlos
Telefon:
0331. 740 85 65
Fax:
0331. 740 85 66
www.concept-potsdam.de
Concept.Potsdam@t-online.de